AF238039

EL CAMINO DE LOS SUEÑOS

Francis Elizalde

EL CAMINO DE LOS SUEÑOS

Un mapa íntimo de paisajes invisibles

Ediciones **La Llave**

Título original: *El camino de los sueños*

De la presente edición en castellano:
© Ediciones La Llave, 2018
  Fundación Claudio Naranjo
  Distribuciones Alfaomega, S.L.
  Alquimia, 6 - 28933 Móstoles, (Madrid) - España
  Tel.: 91 617 08 67

www.edicioneslallave.com
info@edicioneslallave.com
www.fundacionclaudionaranjo.com
info@fundacionclaudionaranjo.com

Primera edición: noviembre de 2025

Depósito Legal: M. 19.460 2025
I.S.B.N.: 978-84-19350-46-6

Impreso en España por Estilo Estugraf

© Todos los derechos reservados: ninguna parte de esta obra puede ser reproducida, almacenada ni transmitida, salvo que ello sirva para prender la mecha de una revolución humanista o para avivar la imaginación colectiva. Se prohíbe quemar este libro… a no ser que la llama encienda hogueras de conciencia. Los derechos de autor son inalienables, excepto en el territorio invisible de los sueños, donde cada lector es dueño de una parcela de infinito, donde toda palabra está llamada a germinar en libertad.

A Ana, Unai y Nerea.
Por estar, por seguir, por ser.

Empujado por la insatisfacción, me pregunto algo a mí mismo.

Y me respondo como puedo.

Pero no me alcanza. La insatisfacción persiste, y su ira frustrada se vuelve contra la pobre respuesta, exigiéndole: «¡más verdad, más contundencia!».

Vuelvo a contestarme, ya sea con más ciencia o ya con más impotencia...

Y me siento, al mismo tiempo, acosado y dispuesto a defender mis conocimientos.

Así, la pugna se intensifica.

Aunque, por lo general, no llega muy lejos: son pocas las preguntas que me formulo de verdad, con una necesidad auténtica de obtener respuesta.

Lo más habitual es que una cuestión reemplace a otra y el baile recomience, siempre desde la misma altura, sin llegar nunca al fondo del pozo.

Pero si la cosa se pusiera seria —ya sea por una necesidad real de comprender, o por una angustia lo bastante imperiosa—, el ritmo de las preguntas y respuestas se aceleraría. También su virulencia. Ambas partes en disputa recurrirían a todo su repertorio de llaves, fintas y ataques.

Impulsadas por la emoción, podrían llegar finalmente a un límite: un callejón sin salida, estrecho, inevitable, donde, arrastradas por la inercia de su propia velocidad, se encontrarían cara a cara, empotradas una en la otra por la fuerza del impacto.

Y entonces, tal vez, algo ocurre.

Algo sin palabras que, con palabras, podría decir así: que el perseguidor, de pronto, viera hasta dónde lo ha llevado su carrera, cuán lejos, a qué espacio desconocido; que el perseguido comprendiera que la persecución no buscaba aniquilarlo, sino que era pura necesidad de él; que el perseguidor sintiera pánico y que el perseguido, por primera vez, escuchara la pregunta; que el perseguidor anulara su pregunta, o se enfrentara a ella de frente, y que el perseguido perdiera la culpa y recuperara su capacidad de responder; que el perseguidor encontrara una respuesta y el perseguido una pregunta; que dejara de haber perseguidor y perseguido y regresara a casa un hombre que, simplemente, tiene algunas preguntas y algunas respuestas.

ÍNDICE

PRÓLOGO:
EL SUEÑO DEL CAMINO

Había tocado el fondo en una crisis muy honda, muy larga, necesitaba una vía para encontrar soluciones, y me volví hacia mi padre, a quien llevaba años ocultando la verdad de mi mala situación y con quien me era imprescindible hablar. A la desesperada, le propuse que nos fuésemos andando juntos desde Estella hasta Santiago de Compostela, y me dijo que sí. Así fue como echamos a andar en julio de 1986.

Mi padre siempre fue un andarín excepcional, pero yo no; cuatro días después de iniciada nuestra peregrinación, él aceleraba su marcha más y más, y yo no podía ni con mi alma. La rodilla me dolía incesantemente, y de pronto me vi sin fuerzas, ni paciencia, ni actitud, ni ganas para seguir su ritmo imparable y despreocupado, y decidí que tiraba la toalla, que me era imposible continuar. Pero lo que en realidad me estaba jugando era demasiado importante. No era cuestión de triunfar o rendirme, sino de encontrar una oportunidad —y yo creía que tal vez sería la última— de entenderme con mi padre, tal y como yo necesitaba con desesperación. Así fue como, tras completar la etapa y alojarnos en una fonda entre las montañas de La Rioja y Burgos, *pedí* un sueño revelador antes de dormir.

¿A quién se lo pedí? No lo sé aún. ¿A quién le pide un mensaje en sueños un joven de 32 años, agnóstico ferviente? El caso es que lo obtuve. Tuve mi sueño.

Soñé con Los Llanos, un paseo de grandes árboles que hay en mi pueblo. Vi el más alto de todos —uno tocado por el rayo, que siempre me atrajo especialmente— y me vi a mí mismo subido en lo más alto de su copa. Me lancé desde allí, como si fuera el tobogán de una montaña rusa. Sentí que descendía en espiral, cada vez más rápido, hasta alcanzar una velocidad brutal. Vi que aquella carrera terminaba contra el tronco formidable de un árbol vecino, y supe que allí iba a estrellarme. Pero, de pronto, el descenso comenzó a frenarse poco a poco, sin brusquedad, y finalmente se detuvo con suavidad, cuando me encontraba a medio metro del impacto.

Al despertar, recordé perfectamente el sueño y sentí el ánimo ligero, las fuerzas renovadas y una serena actitud que permaneció en mí durante todo el trayecto. La rodilla ya no me dolía. Veinte días más tarde, con todo hablado y comprendido entre mi padre y yo, llegamos al Campus Stellae.

Así pues, pedí un sueño y tuve un sueño.

Desde entonces, no he dejado de preguntarme: ¿Cómo fue posible que soñara aquello en ese preciso día? ¿De dónde surgió esa visión tan vívida que experimenté? ¿Alguien escuchó mi súplica, elaboró esa respuesta y me la entregó con total claridad? ¿Brotó mi sueño de lo que llamamos nuestro *inconsciente, subconsciente* o *intuición*? ¿O acaso fue obra de aquel Ángel de la Guarda en el que aprendí a creer cuando era niño?

¿Cómo es posible que en ese momento soñara una respuesta que, de algún modo, me anticipaba lo que sucedería? ¿Que, en lugar del desastre de incomunicación que temía, experimentaría una inmersión en el amor, algo imposible de prever? ¿Acaso alguna parte de mí viajó en el tiempo y me trajo de vuelta la tranquilidad que necesitaba?

¿Fue ese sueño el resultado de una confianza profunda en mí mismo o en el vínculo con mi padre, tan honda que ni siquiera sospechaba su existencia? ¿O fue, más bien, la manifestación de un proceso interno de dejar de resistirme, de abandonar las expectativas y permitirme relajarme en el presente? ¿Un rendirme que no significaba negarme a la vida?

O quizá haya sido, tal como me digo en los momentos de escepticismo, uno de esos sueños que todos tenemos noche tras noche, un sinsentido vestido de guion, al que atribuí una sabiduría y un poder proporcionales a mi necesidad de apoyo y consejo.

Como sea, desde aquella noche en la fonda, no he dejado de preguntarme qué son, de verdad, los sueños. ¿De dónde vienen? ¿Qué quieren decirnos? ¿Por qué algunos nos rozan apenas y otros nos habitan durante años? ¿Qué parte de nosotros se manifiesta en ellos? ¿Y qué parte los escucha?

Este libro nace, acaso, de la intuición de que en cada sueño —por absurdo, banal o revelador que parezca— hay una clave, un gesto, un eco y una puerta. Y de la curiosidad.

Carta de navegación

La imagen del «camino», que acompaña el título de este libro, ha sido, probablemente, la metáfora más constante para representar la existencia humana. Jorge Manrique lo expresó con su célebre secuencia ascendente y descendente: partir en el nacimiento, andar mientras dura la vida, llegar y finalmente descansar al morir. Cada peregrinación —como la que conduce a Santiago del Campo Estrellado— comprime esa experiencia vital en pocos centenares de kilómetros: subidas que recuerdan la infancia y la ambición, descensos que imitan el desaliento, mesetas donde el tiempo se alarga, encuentros fugaces con desconocidos, paisajes nunca vistos que abren perspectivas nuevas, deseos de saber que se despiertan con la llegada de cada recodo.

Es como un «camino» que se lee este libro, que se fue gestando al compás de las preguntas que las lecturas, las conversaciones y los propios sueños iban depositando en mí, quien esto escribe. Primero, apareció el rastro de los relatos oníricos dispersos por todas las épocas y culturas: las visiones en la *Argonáutica*, los sueños taoístas, los testimonios de los pueblos originarios de Mesoamérica, las imágenes nocturnas en la Biblia hebrea y en la patrística cristiana, las reflexiones de Aristóteles y, mucho después, el fuego romántico que encendía visiones interiores. El asombro se repetía siempre: ¿por qué narrar sueños tan distintos y, a la vez, tan equivalentes?

La pasión por la hermenéutica siguió a ese primer hallazgo. Parecía inagotable la diversidad de intérpretes que se disputaban un mismo territorio simbólico con objetivos parecidos y conclusiones incompatibles. Para comprender esa proliferación de sentidos, resultó necesario visitar laboratorios donde la cronobiología y la neurofisiología procuran encerrar el soñar en protocolos medibles. De allí surgió un saber valioso —y también sus límites— sobre cuándo, cuánto y por qué sueña el cerebro.

Sin embargo, la investigación desembocó más tarde que temprano en una pregunta más honda, la que pronuncia el enigma identitario: ¿quién sueña realmente? Ese interrogante resistió el lenguaje académico y exigió volver la mirada hacia abajo y hacia dentro, pero nunca en soledad. La senda condujo entonces a espacios cercanos al viejo santuario de Asclepio: consultas clínicas, grupos de terapia, círculos donde el sueño se trabaja como semilla de autoconocimiento compartido.

Para ordenar la travesía resultó útil imaginar tres segmentos que se entrecruzan continuamente. Uno de ellos recoge la memoria cultural y muestra cómo cada época negoció con el misterio onírico. Otro reúne las prácticas vivas —rituales, tecnologías, usos cotidianos— que todavía hoy ponen el sueño al servicio de la creación, la cohesión o el control. El tercero discurre por la práctica clínica, la terapia y el cuerpo, donde el símbolo nocturno se encarna, se dramatiza y, a veces, transforma la biografía emocional.

Leer este libro equivale a caminar de principio a fin, sumando jornadas hasta sentir el cansancio legítimo de la distancia recorrida. También puede consistir en saltar de un valle temático a otro, enlazando hallazgos según la propia curiosidad. A quienes prefieren esto, les recomiendo llevar un diario paralelo que ofrezca la posibilidad de que las páginas impresas dialoguen con las imágenes nocturnas que llegan cada madrugada.

Todo trayecto requiere ciertas precauciones. Anotar los sueños tal como llegan, sin censura previa, permite que la materia imaginaria conserve su frescura. Compartir una visión solo cuando existe confianza y propósito claro protege la vulnerabilidad de lo narrado. Escuchar el sueño ajeno con respeto, sin apresurarse a dictar un sentido unívoco, honra la vitalidad de la imagen y la entrega de quien confía.

El libro avanza, por tanto, como una senda donde importa tanto la etapa recorrida como la huella que queda grabada en la tierra blanda del recuerdo. Antonio Machado recordó que el camino se hace al andar y que no es sino más tarde, cuando se gira la cabeza, que la senda se revela completa y propia.

Lo veo yo como un peregrinaje en sí mismo, como una senda no ya de tierra, piedra asfalto y campo, sino de palabras, notas en los márgenes de libros polvorientos, preguntas, respuestas, preguntas sin respuesta, asombro y curiosidad.

Una senda con un peregrino.

INTERLUDIO I:
EL PEREGRINO

Pues bien; el peregrino, alcanzada su primera etapa, se acuesta tarde en el albergue, los músculos todavía vibrando. Antes de apagar la linterna, descubre un códice empolvado en la estantería común. Lo abre despacio: ve márgenes manchados de cera, signos astrológicos, breves relatos de fiebres y aparecidos, frases entrecortadas sobre pájaros que hablan en sueños. Pasa el dedo por la tinta gastada y siente que sus voces le rozan, como si llevaran siglos esperándole. Cierra el libro, sopla la vela y respira el olor a pergamino caliente. Se queda a oscuras con una pregunta insistente: ¿cuántos caminantes antes que él han intentado poner orden a lo que sueñan mientras avanzaban bajo esas mismas estrellas?

PRIMERA JORNADA DEL CAMINO:
LA BIBLIOTECA DE LOS SUEÑOS

Cada vez que me adentro en el territorio movedizo del sueño, las preguntas se despiertan como si aguardaran la menor señal para salir a la luz. Vuelven una y otra vez, cambian de forma, se encabalgan entre sí. Las interrogo, las discuto, pruebo respuestas que a veces duran un día y otras se desmoronan al momento. Dejo constancia escrita de ese ir y venir: cuadernos, fichas, márgenes anotados. Con los años, ese rastro de tinta ha ido engrosando hasta convertirse en el manuscrito que tienes entre manos, un volumen más dentro de esa Biblioteca de Babel donde cada estante promete abarcar lo inabarcable.

La Biblioteca de Babel. ¿Cuántos libros habrá en sus estanterías? ¿Y cuántos más se siguen escribiendo, noche tras noche, desde el fondo de la conciencia dormida? Pues incontables. Muchos de ellos nacen de investigaciones apasionadas, escritas en cada idioma, en cada cultura, en cada época y bajo toda clase de credos. Y de cada uno de estos han surgido innumerables plagios y copias apenas disimuladas: diccionarios de sueños, manuales titulados «Los misterios del soñar», «El significado de los sueños», etc.

En la biblioteca de mis abuelos había un ejemplar de título memorable: *De la verdadera y falsa profecía*, impreso en Segovia en 1588. En su capítulo «De la interpretación de los sueños, y diferencia de ellos», se afirma que Dios ordenó al demonio fingir visiones y sueños, y que todo intento de interpretarlos es una superstición extendida y peligrosa. Aunque, curiosamente, el mismo texto admite que también Dios se sirve del soñar para enviar avisos y sabiduría y dedica largas páginas a relatar casos ejemplares.

Desde entonces hasta hoy, ha habido —y sigue habiendo— interminables polémicas sobre si los sueños encierran o no algún tipo de significado, sobre su utilidad, sobre la validez de las distintas escuelas que los abordan. No hay consenso, ni visión unívoca: solo respuestas enfrentadas, radicalmente opuestas. Cada uno afirma aquello que otro niega; y muchos niegan, incluso, la posibilidad misma de encontrar una respuesta definitiva.

Como siempre, la última palabra no la tienen ni los unos ni los otros.

De Artemidoro a Freud

Si nos hubiera sido dado pasear por las ferias de las principales ciudades de Grecia y Turquía en el año 200 de Nuestra Era, acaso nos habríamos topado con Artemidoro de Daldis, el *onirocrítico* —es decir, un profesional en la interpretación de los sueños—, que recopiló en los cinco volúmenes de *La interpretación de los sueños* el compendio más completo que conservamos sobre este enigmático arte de la Antigüedad clásica. En estos libros (cuya lectura proporciona un verdadero placer, por su claridad y rigor argumentativo), Artemidoro —que escribía para sus lectores, pero sobre todo para su hijo, a quien deseaba transmitir sus saberes y guiar en este oficio singular— expuso su vasto conocimiento sobre el arte de la adivinación onírica.

Artemidoro aseguraba haber leído todas las obras antiguas sobre los sueños y declaraba que muchos de ellos carecían de trascendencia. Para él, eran meras proyecciones de nuestros estados físicos y preocupaciones diarias, lo que hoy llamaríamos *epifenómenos* y él llamaba *ensueños*. Sin embargo, sostenía que, a la vez, existía una categoría de sueños que, interpretados correctamente, podían ser de gran utilidad para quien los experimentaba. Estos sueños, afirmaba, contenían avisos sobre los caminos que escogería la fortuna en el futuro, lo cual le permitiría al soñador tomar precauciones, prepararse para aprovechar las oportunidades, evitar ciertos peligros y, en última instancia, fortalecer el espíritu para enfrentar lo inevitable.

En cuanto a la fuente de los sueños, Artemidoro apenas le dedicaba espacio a esta cuestión: consideraba que los dioses, en su infinitud, reservaban sus mensajes para ciertos sueños compartidos colectivamente por toda una comunidad, indicios que surgían en momentos clave. Fuera de eso, su postura era escéptica, concluyendo que «se sueña porque se sueña». Sin embargo, en la cultura popular de su tiempo, las interpretaciones y las deidades asociadas a los sueños eran numerosas: Hipnos, dios del sueño; Efialtes, portador de pesadillas; Fobetor, capaz de infundir terror incluso en otras deidades; Morfeo, célebre por su belleza, y Asclepio, el gran sanador, a quien muchos consideraban el origen de la medicina misma.

Doscientos años antes, en Roma, el abogado y cónsul Marco Tulio Cicerón reflexionaba también sobre el tema en su tratado *Sobre la adivinación*, libro que escribió con el formato de un diálogo entre él mismo y su hermano Quinto, a quien asignó el papel de defensor de la adivinación y sus virtudes, mientras él adoptaba el rol del escéptico ilustrado que rebatía con argumentos racionales toda pretensión de trascendencia en tales prácticas.

Si Artemidoro defendía con naturalidad los sueños como fenómenos cargados de sentido metafísico, Cicerón, por el contrario, desacreditaba toda posibilidad en esa dirección. Con la agudeza que lo caracteriza, escribió:

> También me pregunto: si son dioses y espíritus quienes nos ofrecen visiones en los sueños para que extraigamos lecciones y pronósticos, ¿por qué no nos las ofrecen cuando estamos despiertos, siendo más fiables entonces nuestra memoria y entendimiento? Y ¿por qué nos envían estos mensajes en clave, de tal modo que necesitamos intérpretes en lugar de decirnos simplemente «haz esto, no hagas aquello»? Y si afirmas que hay sueños ciertos y otros falsos, ¿con qué signos distinguimos unos de otros? ¿Es que los dioses desean vernos confundidos, atrapados en sus propias trampas? ¡Ah, el absurdo al que llegamos! Por más que lo intento, no consigo imaginar una tontería tan grande que no la hayan proclamado ya, muy seriamente, adivinos, sabios y filósofos como importante verdad.

Como si nada de lo escrito entonces —ni en los siglos que siguieron— hubiera logrado otorgar a uno de los dos bandos la autoridad suficiente para imponerse al otro, veinte siglos más tarde el debate sigue en pie. Las posturas racionalistas, que se apoyan en la lógica y el método, conviven (o compiten) con aquellas que se inclinan hacia la intuición y lo sagrado. Unos veneran el progreso de las llamadas investigaciones científicas; otros, las raíces profundas de lo ecológico, lo ancestral y lo sagrado.

Hace 120 años, Sigmund Freud abrió valientemente una nueva era en el estudio de los sueños, postulando que el *yo*, con todos sus deseos y conflictos reprimidos, era la fuente última de los significados oníricos, con lo cual estrenó una etapa de rica investigación y desplazó siglos de tradición en los que el conocimiento sobre el soñar provenía exclusivamente de interpretaciones heredadas y doctrinas espirituales. Ocurrió esto poco antes de que las ciencias naturales pasaran a ser consideradas la fuente más autorizada de toda explicación verdadera. Y cuando, ochenta años más tarde, estudiosos especializados en el funcionamiento del cerebro inauguraron una nueva etapa, relegaron a Freud y sus hallazgos al grupo de los autores precientíficos.

Hoy, los intentos por comprender los sueños siguen su curso, fundando nuevas academias sobre los cimientos de quienes los precedieron. En algunos centros universitarios y laboratorios de investigación, la trama se vuelve cada vez más científica; pero la urdimbre —esa que da forma y sentido al tejido— continúa trenzándose con los mismos hilos tradicionales de hace milenios.

Así, para unos, todo lo que escapa al dato empírico no es más que ceguera existencial; para otros, todo lo que no participa del misterio es ciencia... o tontería. Pero quienes realmente desean comprender algo de los sueños no miran una tradición contra la otra, sino el entramado que nace de su conjunción.

Como psicólogo, estudié y me formé con los textos de Freud, y, en lo personal, siento una afinidad especial tanto por Cicerón como por Artemidoro. Sin embargo, reconozco que no tengo una certeza filosófica sólida sobre qué son, en esencia, los sueños. En mi vida privada y en mi práctica profesional suelo dejar mis prejuicios a un lado, y no dudo en servirme de lo que los sueños —propios o ajenos—, traen consigo, siempre que puedan contribuir a una mayor salud vital. Al fin y al cabo, he vivido sueños reveladores, como aquel que ya he contado, del Camino de Santiago. Llevo conmigo un DNI de soñador, como todo el mundo; una insignia de aficionado, que me he ganado tras muchos años de leer y escuchar sobre el tema; tengo también un diploma de psicólogo; una profesión de psicoterapeuta, y una práctica anclada en el enfoque Gestalt.

Pero no quiero adelantarme. Cierro el facsímil de Artemidoro, cierro los archivos de Freud que guarda mi ordenador y, por un momento, dejaré que el murmullo de los comentaristas antiguos siga zumbando en mis oídos, como una música de fondo que me acompaña, sin imponer nada.

No busco aquí una síntesis erudita ni una teoría definitiva. Más bien, lo que quiero es invitaros a algo mucho más sencillo —y quizá más exigente—: prestar atención. A vuestras propias imágenes, a los gestos que emergen al despertar, a las escenas que vuelven con insistencia o se borran sin dejar rastro. No hace falta que comprendáis. Basta con que estéis presentes. Que escuchéis lo que los sueños tienen para decir, incluso cuando no sepamos traducirlos.

INTERLUDIO II

El aire huele a polvo de pergamino y a tinta envejecida. Mientras ordena unas fichas, el peregrino advierte un límite: todos los registros nacieron en la misma cuenca cultural que produjo los códices, los concilios y las bibliotecas de piedra. ¿Qué ocurre más allá de esa orilla? Existen pueblos que jamás encerraron sus sueños en estantes; los sostienen en cantos, danzas y fogatas que duran hasta el alba. Piensa en ellos, el peregrino, y una imagen se impone: un claro en la selva o en el desierto, un círculo de cuerpos sentados, la llama que chisporrotea a medida que el viento gira. Allí, las historias se alimentan del crujido de la leña y de la respiración compartida. Ninguna página fija la memoria; la guarda la carne que escucha. Mientras la última chispa se eleva, presiente que la verdadera biblioteca puede ser un corro de voces que giran bajo las estrellas.

SEGUNDA JORNADA DEL CAMINO: SUEÑOS ANTES DE LA ESCRITURA

Los escritos más antiguos que tenemos sobre sueños —pequeñas tablillas cuneiformes de arcilla, fechadas entre hace 3.600 y 4.000 años en Mesopotamia— hablan de reyes que buscan en la noche la voluntad de los dioses, y de sacerdotes que traducen aquellas visiones a decisiones políticas. Es un corpus diminuto, si se compara con la inmensa franja de tiempo previa, cuando la humanidad ya llevaba milenios levantando símbolos y transmitiendo conocimientos sin la menor necesidad de fijar la palabra. Pienso en los frescos de Chauvet o en las flautas de hueso encontradas en Hohle Fels y me pregunto qué historias sonaban en las veladas paleolíticas, alrededor del fuego, cuando el viento golpeaba las pieles que cerraban la cueva. Estoy casi seguro de que los sueños, como hoy, entraban en aquellas conversaciones: acaso para explicar la conducta de los bisontes, acaso para reconocer el deseo o el miedo que no se atrevía a hablar a la luz del día.

De aquella Prehistoria solo quedan intuiciones. Quizá la mente se concebía en ese entonces como un órgano poroso que recibía inspiraciones de dioses remotos; quizá, al contrario, se sospechaba ya que el cerebro —o sus humores— producía, por sí mismo, las imágenes que lo agitaban durante el sueño. Dos supuestos opuestos: o nada es nuestro, o todo nos pertenece.

Para rastrear cómo pudo vivirse el soñar en tiempos sin escritura conviene apartarse de los anaqueles y caminar a campo abierto. Hay culturas que han preservado una relación con los sueños que pasa exclusivamente por la voz, el gesto y la memoria colectiva.

Tjukurpa: cartografiar y custodiar

Estamos ahora en el desierto occidental australiano, sobre una planicie ocre que parece no acabar nunca. Aun sin disponer de relatos escritos, tenemos acceso a una cultura que se organizó sobre sí misma hace milenios y que ha persistido hasta hoy sin recurrir a la tradición escrita: la de los *aborigines* australianos (así, con doble «i», como ellos mismos prefieren ser nombrados). Son una fuente viva a la que podemos acudir si queremos imaginar cómo pudo ser pensarse en tiempos prehistóricos. Y resulta que, en su cosmovisión, los sueños ocupan un lugar central. A menudo se habla de ello como *tjukurpa*. Traducirlo por *tiempo del sueño* apenas roza su ontología. Es a la vez ley y relato, geografía y ética.

Un anciano anangu se inclina y, con una rama chamuscada, dibuja líneas en la arena: curvas que marcan la huella del Lagarto de Dos Cabezas, meandros que nombran la senda subterránea del agua. El trazo se borra con el viento, pero la historia permanece en la garganta del narrador. Cada amanecer alguien cuenta lo soñado y actualiza el mapa: si la visión indica que el pozo sigue vivo, el clan monta guardia durante la estación seca; si anuncia que se ha vaciado, nadie cava. Aquí, soñar no sirve para adivinar el futuro: sirve para mantener la memoria viva del territorio y garantizar la custodia del agua, que es la vida misma. En los rituales de pintura corporal o en los cantos de iniciación, cada línea reitera esa cartografía. Custodiar el sueño es custodiar la tierra; romper cualquiera de las dos cosas implica una misma falta.

Theodor Strehlow, que convivió con varias de sus comunidades y dedicó su vida al estudio de su mundo simbólico, decía que sus intentos de comprender aquella forma de organizar la vida lo hacían sentir como si se adentrara en «un laberinto de corredores y pasajes innumerables, todos misteriosamente interconectados mediante un sistema que desconcierta por su complejidad». Lo que hacía tan difícil de interpretar *el tiempo del sueño* —la canción aborigen— era, en sus palabras, «la acumulación interminable de detalles interrelacionados: la topografía, el clima, los seres vivos, el habla, la música y la danza, los ritos iniciáticos».

Y, sin embargo, incluso el observador más superficial, al mirar sus pinturas o asistir a sus relatos, puede vislumbrar un universo ético tan rico como el del Nuevo Testamento, con una diferencia esencial: los *aborigines*, descendientes directos de quienes se asentaron en Australia hace más de 60.000 años, no tienen dioses. En contraste con las culturas dominadas por dioses derrocados y por un Dios Supremo, su visión del mundo establece vínculos de parentesco que abarcan a todos los seres —vivos y muertos—, a sus vigilias y sus sueños y también a los ríos, las rocas y los árboles.

Senoi: el mito, la crítica y la fecundidad de una idea

Dejamos la arena roja y, tras días (o meses) de viaje, alcanzamos las montañas brumosas de la península malaya, en busca de los senoi. En las crónicas de Kilton Stewart, escritas en 1951, leo que los senoi comenzaban cada jornada con una asamblea: nadie probaba el arroz hasta haber narrado su sueño.

Un muchacho relataba que un tigre lo había acechado; la comunidad deliberaba si aquello exigía respetar la selva o, por el contrario, salir de caza. Una niña describía un vuelo sobre una cascada y los adultos transformaban la escena en danza para la ceremonia de siembra. Stewart aseguraba que esa pedagogía colectiva —que incluía técnicas de sueño lúcido y métodos para transformar las pesadillas— había erradicado la violencia y las neurosis del grupo. Su artículo «Dream Theory in Malaya» inflamó la imaginación de la psicología humanista y del emergente Movimiento del Potencial Humano: enseñó a enfrentar amenazas oníricas, completar placeres interrumpidos, convertir lo negativo en positivo, reparar ofensas soñadas y encontrar consejeros simbólicos.

Cierto es que el entusiasmo duró poco. A partir de los años setenta, antropólogos que convivieron con los senoi y con sus vecinos semaï —Geoffrey Benjamin, Robert Knox Dentan, y otros— negaron haber visto las asambleas diarias, ni maestros de sueño lúcido, ni un método pedagógico sistemático. Stewart, dijeron, había permanecido pocas semanas en la zona, y no dominaba la lengua local; su descripción parecía una proyección idealizada. Unos lo creyeron visionario, otros fabulador.

Sin embargo, la fertilidad simbólica de aquel relato sobrevivió al debate académico. Las cinco reglas senoi pasaron a manuales de terapia cognitivo-conductual para tratar pesadillas, talleres de creatividad y circulares escolares que proponían compartir sueños al inicio de la clase. El episodio revela cómo un mito —incluso uno basado en datos frágiles—, puede modelar la experiencia subjetiva y abrir horizontes terapéuticos. Importa menos su exactitud etnográfica que la potencia imaginativa que desata: demuestra que soñar puede ser asunto público, deliberativo, transformador.

Shipibo-conibo: cantar la visión

Acompáñame ahora a la Amazonía, río Ucayali arriba, hasta la maloca donde los shipibo-conibo preparan la ayahuasca. El brebaje sube por la sangre y el *onaya* inicia un *ícaro*: un canto ondulante que parece dibujar con la voz las líneas que, más tarde, las mujeres plasmarán en telas y cerámicas bajo el nombre de *kené*. Las formas geométricas son una partitura que guía la cura. El canto modula la energía de la planta, alinea las emociones. Cada motivo melódico codifica un saber: cuándo talar un árbol, cómo dosificar una planta, por qué no cazar sin permiso. Aprender a cantar es aprender a gobernar la visión; aprender a ver es aprender a vivir.

Las palabras se apagan con la brasa y solo resuenan en la memoria corporal de los participantes. Cuando amanece, el chamán recapitula lo visto y lo asocia a los asuntos del día: un desequilibrio en la chacra, un resentimiento familiar, una enfermedad larvada. La visión deviene narrativa práctica, norma ética y acto médico. El sueño —esta vez inducido— no se interpreta en el viejo sentido occidental: se canta, se pinta y se aplica.

Tres funciones compartidas

Las escenas de Australia, Malasia y la Amazonía desmontan la idea de que el sueño sea propiedad individual, un residuo privado del sistema nervioso. Para estos pueblos sirve, ante todo, a tres fines:

- *Planificar.* Pozos de agua, rutas de caza, regular la cosecha.
- *Cohesionar.* Reunir al clan, negociar desacuerdos.
- *Transmitir.* Pasar códigos éticos —respeto al territorio, reciprocidad con la selva— a la generación siguiente.

Aunque sus cosmologías difieren —los anangu trazan genealogías de seres metafóricos; los senoi, según Stewart, domesticaban monstruos internos; los shipibo conversan con plantas maestras—, comparten la certeza de que la noche apunta a la supervivencia diurna y a la continuidad del grupo.

Si el soñar fuera bien común

Pienso en las ciudades donde el tráfico nunca duerme y las ventanas continúan iluminadas al filo de la madrugada. ¿Cómo cambiarían esos barrios si incorporaran círculos de relato onírico? ¿Qué pasaría si los parlamentos reservaran una sesión de sueños antes del debate presupuestario o si los hospitales incluyeran la historia nocturna en la anamnesis de ingreso? Convertir el sueño en bien común podría abrir zonas de empatía insospechadas, revelar conflictos larvados, democratizar la imaginación.

No se trata de idealizar lo indígena ni de replicar sin contexto una liturgia ajena. Se trata de reconocer que el sueño —ese territorio que cruza a toda persona cada noche— puede organizar la información biográfica, el cuidado colectivo y la transmisión cultural con la misma eficacia, o quizá mayor, que cualquier algoritmo de datos. Allí donde el archivo escrito pone límites, la narración oral mantiene la plasticidad, deja espacio para la improvisación y el matiz, incorpora la emoción que vibra en la voz.

INTERLUDIO III

La última fogata se apaga. Entre las brasas, el peregrino ve que un resplandor tenue alumbra a una madre que acuna a su hijo recién nacido. El pequeño respira con la boca entreabierta: aún no articula palabra y ya lleva adherido el temblor de la historia que un día contará. Latiendo bajo la fontanela, un primer borrador de imágenes se prepara para el momento futuro en que el clan —o la familia, o el aula— le pida que relate su noche. ¿Qué se mueve dentro del cuerpo antes de que podamos poner nombre a lo que vemos? Esa pregunta, que habita el pasaje del sueño a la palabra, abre el próximo tramo del camino.

TERCERA JORNADA DEL CAMINO:
SOÑAR ANTES DE HABLAR

Podemos decir que comenzamos a soñar cuando nacemos, y hay quien dice que incluso antes. Existen mediciones que demuestran que, en estado fetal, a partir del sexto mes de gestación ya se manifiesta actividad onírica. Y esa actividad —que luego exploraremos con más detalle— no es exclusiva del Homo sapiens, ni siquiera de los primates.

Todos los mamíferos sueñan. Y aún más: se sabe que sueña todo animal cordado, es decir, aquellos dotados de columna vertebral: aves, peces, murciélagos (aunque con las ranas el asunto sigue siendo discutido). Sueña cada individuo de estas familias de seres vivos. A diario. Esto nos permite afirmar que el soñar no es una invención reciente, sino una función biológica con una historia antigua. Tan antigua como la vida vertebrada en la Tierra, que tiene al menos 550 millones de años.

Algunos autores van más todavía lejos. En el año 2000, Nikaido y Johnsson propusieron —con cautela, pero con audacia— que el sueño podría haber evolucionado a partir de estrategias ya presentes en ciertos hongos y bacterias. Según su hipótesis, estos organismos habrían desarrollado mecanismos para «evitar la luz, cuyos rayos ultravioleta son letales para la reproducción». Si así fuera, el sueño y el dormir estarían vinculados a la noche desde tiempos todavía más remotos.

Y aquí seguimos: soñando cada día, hasta el final. ¿O más allá todavía? Algunas investigaciones sobre experiencias cercanas a la muerte (ECM) sugieren que podríamos soñar —o algo similar al soñar— incluso después de morir. Ese es un umbral que aún no comprendemos del todo, pero que, quizás, también forma parte del vasto territorio del soñar.

El sueño encarnado

Todo esto nos lleva a darnos cuenta de algo fundamental: cada ser humano empieza a soñar antes incluso de poder aprender. A soñar no se aprende. Aunque —como iremos viendo—, sí se puede aprender de los sueños.

Pero entonces, ¿qué soñamos? ¿Qué soñamos siendo fetos, siendo infantes, creciendo, atravesando los distintos umbrales del desarrollo?

Toca hacer un repaso evolutivo, y empezar por el comienzo de los comienzos. Preguntarnos qué y cómo podrían ser esos sueños que tenemos antes de nacer. Y sobre todo: ¿qué misión cumplen en nosotros? ¿Qué papel juegan en nuestro desarrollo, mientras —milagrosamente— nos vamos formando a partir de la unión de dos células, antes de que surja cualquier atisbo de autoconsciencia, antes de que aparezca esa noción de yo y los otros, antes de que haya una imagen externa del mundo con la que tejer los relatos de nuestros sueños?

No lo sabemos. No alcanzamos a saberlo. Yo tuve esos sueños. Tú también. Y hoy no podemos ni imaginarlos. Están más allá del recuerdo, más allá de la palabra.

¿Serán acaso sonidos, luces, reflejos viscerales, grabados en nuestro cerebro aún inmaduro? ¿Impresiones internas de un cuerpo que se despliega y se transforma, y que al hacerlo proporciona estímulos constantes?

Los estudiosos suelen centrarse en los sueños que podemos contar. Es decir, en aquellos que recordamos desde que comenzamos a hablar. Sobre eso se construyen la mayoría de las teorías. Pero… ¿y los sueños de antes? ¿Los que ocurrieron en la penumbra de un yo aún sin nombre? Esos, por ahora, siguen siendo un misterio. Y, a pesar de todo, sabemos que esos sueños están ahí, y que ahí estuvieron, formando parte de nosotros. No desaparecieron. Son la materia íntima de nuestra historia.

El impulso vital —al que no sé bien cómo nombrar, tal vez *prana*, o espíritu, o alma— construye nuestra forma. Esa forma impulsa nuestros movimientos, y esos movimientos nos ponen en contacto con lo de afuera, favoreciendo que haya… pues, todo lo que hay. Todo cuanto vamos conformando a medida que vamos siendo, permanece. Persiste en la esencia de lo que somos. Cada neurona, cada gesto, cada diente que ve la luz, cada llanto y cada descanso están ahí. Desde entonces. Para siempre.

Por eso, cuando intento comprender un sueño, me recuerdo que no tiene mucho sentido exigirle una explicación puramente verbal y adulta. Conviene dejar espacio. Dejar que algo de lo que percibimos, escape —quizá deliberadamente— a los márgenes del lenguaje.

Tal vez sean huellas de eones. Ecos de nuestro paso desde el polvo de estrellas hasta el cigoto, el embrión, el feto que ya soñaba.

O quizá provengan de mi tiempo de bebé soñador, cuando aún no sabía hablar, ni nombrar, ni cargar lo vivido con sus símbolos. Cuando, simplemente, yo era y vosotros erais. Y soñábais.

Lógica infantil, lógica onírica

El largo tiempo en que soñábamos sin lenguaje sigue inscrito en nuestra identidad. No lo hemos olvidado del todo. Lo llevamos dentro y aún pulsa en algún lugar.

Como decía María Zambrano, «todo ser humano comienza hablando con su propio sueño: antes de articular un nombre, ya habita una palabra muda que lo sostiene». Para la filósofa, ese primer balbuceo interior —inaccesible a la memoria y, sin embargo, decisivo— forma la matriz de la conciencia. En sus cuadernos de Roma apuntó que «el sueño prenatal es la primera patria: un territorio sin contornos donde la vida aprende a resonar consigo misma». Cuando trenzamos estas intuiciones con los hallazgos científicos sobre la actividad onírica fetal, comprendemos hasta qué punto la razón poética de Zambrano se adelantó a la neurobiología: ambos caminos confluyen en la idea de que soñar antecede a cualquier estructura formal del lenguaje.

Zambrano veía en ese soñar temprano la semilla de la creatividad humana: un humus donde germinan las imágenes que luego nutrirán palabras, símbolos y relatos. «Si la vigilia construye la casa, el sueño pone la arcilla». Por eso, no le extrañaría saber que todos los vertebrados sueñan; antes al contrario, hallaría en ese dato un argumento más para sostener que el soñar es una función originaria, tan antigua como la sangre que recorre nuestra columna. De ahí su insistencia en que la filosofía —cuando realmente aspira a conocer— ha de descender a ese magma prelingüístico y escucharlo sin querer traducirlo todo de inmediato.

Los misteriosos sueños anteriores al nacimiento no son un apéndice anecdótico, sino una corriente subterránea que sigue fluyendo bajo el suelo firme de nuestra adultez. El reto consiste en dejar que algo de esa corriente irrumpa, aún hoy, entre las grietas del discurso, recordándonos que existe un saber previo, irreductible a conceptos, donde late una «verdad entrañable»: una certeza que no se demuestra, sino que se siente, como se sienten las pulsaciones del propio corazón en mitad de la noche.

Al integrar estas ideas en nuestro recorrido lógico onírico, descubrimos una coherencia inesperada: desde los mecanismos de evitación lumínica de hongos y bacterias hasta los sueños de un bebé incapaz de nombrar, la vida ha ido tejiendo una misma estrategia de supervivencia y revelación. Y quizá por eso seguimos soñando (incluso, tal vez, más allá del último aliento), para no perder nunca esa íntima conversación con el enigma que nos funda.

Una imagen viva

Si aceptamos la certeza de que el soñar antecede y sostiene toda palabra, el siguiente paso es preguntarnos cuándo comenzó ese balbuceo y quiénes lo practican. La ciencia responde con un dato fascinante: la actividad onírica aparece ya en el vientre materno, alrededor del sexto mes de gestación, y no se limita a nuestra especie.

A partir de aquí, todo encaja. Si esa lengua existe —y late en cada uno de nosotros—, conviene rastrear su genealogía. ¿Cuándo empezó a hablarse? ¿En qué instante, todavía sin voz, comenzó el murmullo onírico? La biología abre la puerta: basta con asomarse a la oscuridad del vientre para descubrir que allí ya se sueña…

Pero incluso los datos —tan precisos, tan antiguos— se vuelven lejanos frente a la evidencia de un sueño que aún palpita. Nada lo vuelve más real que revivir, en palabras y cuerpo, una imagen onírica reciente. Como esta que me narraron:

> Es un camino, que lleva allá; sin previo aviso se cubre de humedad y barro. Alguien resbala en un charco, gran escándalo de caída y salpicón. Dos pasos más adelante, es mi madre quien al pisar en el suelo se hunde completamente: metió el pie en un agujero que ahora le traga. Todos lo ven, pero solo yo meto las manos en el barro, con angustia: y allí están, las manos de mi madre, que se agarran a las mías, y sorprendido por lo fácil que está siendo, jalo de ellas y la saco, sana y seca.

Recuperó el soñador este sueño con el tacto de aquellas manos, la presión de su contacto. Todo lo demás era solo el escenario. Lo único que quedaba era el tacto primigenio de unas manos en las manos de la madre.

Así, surge la pregunta final: ¿soñó el soñador con unas manos, o fueron sus manos las que soñaron?

El cuerpo que cuenta sueños

El feto se hace bebé, el bebé se hace niño. Llega el momento en que comenzamos a describir con palabras lo que nos concierne, tratando de explicar y explicarnos sensaciones y emociones.

Hace unas semanas, escuché a un niño de cuatro años contar algo con toda su alma:

—En el recreo me llamaba, porque estaba llorando, un poco solo, y entonces llegó, y ¡paf!, aparece un avión, y me dice que le pase el balón, pero ya no quería porque se había caído, se había caído...

Yo, mientras lo escuchaba, traté de imaginarme a mí mismo a esa edad. Lo oía contar y contar, me oía decir y decir, y me di cuenta de que esas narraciones —con sus giros, quiebros, exclamaciones— se parecían mucho a las de nuestros sueños.

En esos momentos, cuando los adultos escuchamos a los niños (o cuando recordamos haber sido escuchados), algo cambia. A veces, cuando el relato da un giro que se sale de la lógica esperada, dejamos de escuchar con atención. Nos perdemos. Entonces empezamos a consolar, a exagerar las reacciones, a hacer preguntas repetidas, a reírnos. O, por el contrario, nos enfadamos y les decimos que esas cosas no se dicen. Como si no estuvieran contando exactamente lo que les sucede, tal como lo viven.

Y entonces nos convertimos, sin esfuerzo, en lo que se nos viene a la mente o al alma: soy un coche, soy la Marijose, soy una moneda de doscientos euros, soy tú y tú eres mi tío. Sin vacilar, sin dudar. Creamos, con total naturalidad, eso que los adultos llaman —con cierto tono grandilocuente— universos paralelos.

La magia, el clown, la poesía... son ramas de esas raíces primeras.

Un poco después, de forma progresiva, empezamos a imitar. Introducimos héroes de la tele, exclamaciones prefabricadas, situaciones exageradas, copiadas de lo que hemos visto u oído. Y eso, a veces, les hace gracia a los adultos. Les divierte cuando reconocen el origen de nuestras frases: «¡Mira, habla como en Gumball!». Se aferran a ese reflejo para reorientarse, para tranquilizarse.

O bien, cuando no reconocen nada, repiten lo que ellos mismos escucharon de pequeños: «Mírale, ya está otra vez chuleando, imitando, diciendo tonterías».

Y entonces dejan de escucharnos.

Nos oyen, sí. Nos ven. Pero ya no nos escuchan. Lo que escuchan ahora son sus propios sueños.

Seguimos creciendo, y vamos madurando

Tras de tiempos vienen tiempos y llega ese momento en que nuestra inteligencia —ya adulta, ya domesticada— quiere que el universo entero se vuelva comprensible. Queremos que sea comprensible en todas sus dimensiones, en todo tiempo, y sobre todo, que respete la sintaxis de nuestro lenguaje.

Para hablar, decimos una sola palabra cada vez. Así, contar algo implica una sucesión de frases, ordenadas de tal forma que produzcan una estructura que llamamos *lógica*.

Por ejemplo: «Hoy hace buen tiempo». «Es lógico: es primavera». «Me alegra porque: a) me permite salir al campo; b) favorece el almacenamiento de agua. Aunque, al mismo tiempo, me fastidia no tener una buena excusa para quedarme en casa haciendo el vago».

Así hablamos. Así nos representamos la vida. Y así, poco a poco, vamos descartando uno de nuestros idiomas: el idioma infantil. Le damos la espalda, y dirigimos nuestra atención al otro idioma: el idioma *viejuno*. Y todo lo que no encaja en su sintaxis, lo archivamos bajo etiquetas como *fantasía, símbolo, superstición* o *absurdo*.

Nuestra vida emocional —tan dramática, tan poderosa— la observamos desde esa mirada que *sabe*. Pero esa mirada, muchas veces, desenfoca la imagen. Aun así, hay momentos —conmocionados, conmovidos, desbordados— en que se apagan las gramáticas internas. Y participamos, de pronto, plenamente de la esencia del sueño.

Que es, también, la esencia de la vida.

Que es, como dijo Julio Cortázar, *una estrella que es una anguila que es una estrella que es una anguila que es una estrella que es…*

Por eso, el soñar no se aprende. Igual que no se aprende a mover los dedos, ni a girar el cuerpo. No se aprende a jugar ni a bailar. Sí, podemos aprender técnicas. Podemos enseñar y aprender a bailar canciones, estilos, ritmos. Y también podemos aprender a movernos dentro de los mundos soñados.

Todos soñamos

Soñar no depende de la edad, la cultura ni la salud. Todos soñamos. Siempre que dormimos, soñamos. Así como al estar despiertos imaginamos. Desde niños, una noche cualquiera, le contamos a alguien algo que nos pasó mientras dormíamos: un encuentro, unos colores, una frase. «Abuela, anoche entré en la cocina de una casa amarilla y te vi. ¿Qué hacías allí?». Entonces, alguien nos explicó que eso que habíamos vivido se llamaba soñar, que esas visiones se llaman sueños.

No era nuestro primer sueño. Pero ese día —que ya no recordamos—, obtuvimos nuestro primer diploma de soñadores. Desde entonces, ya se sabe que sabemos que soñamos. Y sobre eso se nos pregunta, se nos aconseja, se nos advierte, se nos educa.

Y ya de muy mayores, sueñan los psicoterapeutas y sueñan también los pacientes.

La actitud ante nuestros sueños

Soñamos unas cinco horas cada día, aunque rara vez conservamos más que unos pocos fragmentos al despertar. Recordamos escenas sueltas, imágenes borrosas, sensaciones difíciles de traducir. Y aun así, en promedio, olvidamos hasta el 95% de lo que soñamos. A menudo no queda ni una traza.

Sin embargo, hay pasajes que, sin previo aviso, reaparecen tiempo después, como si esperaran ese instante para ser recordados. Se asoman, se nos imponen... y luego, nuevamente, se desvanecen.

Compartir los sueños es algo que muchas veces evitamos o reducimos a anécdota, pero en otras culturas constituye una práctica cotidiana y fundamental. Un ejemplo revelador apareció en 2007 en la prensa argentina: una entrevista al portavoz de las comunidades indígenas Sarayaku, en Ecuador, entonces movilizadas contra una empresa petrolera que amenazaba su territorio. En aquella conversación, el representante Sarayaku explicó:

—Cada madrugada, la primera actividad familiar consiste en reunirse para compartir lo soñado. Nuestros abuelos dicen que ahí aprendieron todo. Dicen: ese árbol me enseñó a curar; ese animal me hizo soñar. Todo está profundamente conectado con los sueños.

—¿Amanecen con el sol? —le preguntaron.

—No, antes. A las tres de la madrugada, el jefe de la casa despierta a los niños. Toman un té, y se cuentan historias y sueños. Se hace una interpretación, se conversa. Si alguien ha soñado mal, ese día no camina a ninguna parte. Se queda en casa.

—¿Qué es soñar mal?

—Cuando un sueño te dice algo malo. Un señor soñó que lo mordía un perro. Entonces, ese día podía pasarle algo malo.

—¿Cuál fue su último sueño?

—Había un águila que no pude matar con la cerbatana. Disparamos una flecha con curare. Le di al águila, pero voló. No sabía si iba a morir o si solo estaba herida. Para nosotros, volar es pasar fronteras. Mi padre interpretó que el águila podía ser la empresa. Pero no vi su muerte...

En esta tradición —tan distinta a la mirada racionalista que tiende a descartar el soñar como residuo sin sentido—, el sueño no solo tiene valor, sino que orienta la acción diaria, forma parte del conocimiento, y guía las decisiones del cuerpo y del alma.

Y lo de ocultar... desde luego que a veces ocultamos nuestros sueños. Lo hacemos conscientemente: por pudor, por temor a malentendidos o simplemente por necesidad de proteger algo íntimo. También por miedo, a veces, a lo que esos sueños puedan revelar o desestabilizar.

En cuanto a los juegos que jugamos con ellos, hay de todo tipo: juegos ligeros, de entretenimiento, de perder y ganar, y otros, más serios, que rozan la ruleta rusa. Un ejemplo particularmente elocuente lo dejó Georg Christoph Lichtenberg en febrero de 1799, apenas dos semanas antes de su muerte. En uno de sus últimos apuntes, relata un sueño en el que, hallándose de viaje, comía en una barraca al borde del camino, donde se jugaba a los dados. Frente a él se sentaba un joven de buen aspecto, algo atolondrado, que sin prestar atención a nadie comía su potaje; sin embargo, cada dos o tres cucharadas, lanzaba una al aire, la recibía de nuevo en la cuchara y la tragaba con tranquilidad. Lo que sorprendía a Lichtenberg no era la escena en sí, sino el hecho de que, mientras la vivía, pensaba: «Esto no puede inventarse, hay que haberlo visto», y sin embargo reconocía que lo acababa de soñar, que era creación suya. En la misma mesa, una mujer delgada tejía;

él le preguntó qué podía ganarse en el juego, y ella respondió: «Nada». «¿Y para perder?». «Tampoco». Aun así, aquel juego, inútil en apariencia, le parecía profundamente importante.

Ese sueño condensa la paradoja esencial del mundo onírico: lo vivido en sueños, por más inverosímil que parezca, posee una textura de verdad que a veces excede lo que llamaríamos realidad.

Guillermo Borja[1] contaba que un brujo mexicano le dijo una vez, mientras miraban una pequeña hoguera que ardía frente a ellos:

—¡No mires como borracho! ¡Aprende del abuelo!

Decía que no era raro que la gente mirara al fuego con la mirada perdida, como hipnotizada, sin foco. Y del mismo modo —añadía— miramos nuestra vida cotidiana: sin atención, sin presencia, como si todo se nos escurriera.

Aplicaba esa misma observación al mundo de los sueños: no basta con tener un sueño; importa cómo lo miramos al despertar. ¿Desde qué actitud? ¿Con qué intención? Borja planteaba dos formas básicas de acercarnos a lo soñado:

- Como borrachos.
- Aprendiendo del abuelo.

Ambas —la borrachera y el respeto— son formas humanas ancestrales de buscar conocimiento. Han existido desde siempre, pero sus efectos son opuestos.

---

1. Guillermo «Memo» Borja (1951–1995) fue un psicoterapeuta y facilitador mexicano. Formado en terapia Gestalt y en corrientes humanistas, destacó por su enfoque provocador, amoroso y profundamente intuitivo. Fue pionero en integrar la espiritualidad, el cuerpo y la catarsis emocional en la práctica terapéutica en México. Su legado perdura a través de su libro *La locura lo cura* (Ediciones La Llave) y su influencia en varias generaciones de terapeutas.

—¿Y cómo saber a qué grupo pertenece alguien? —le preguntaban.

—Por cómo actúa —respondía.

—¿Y si hubiera un criterio más sutil?

—También lo hay —decía—: quienes no pertenecen al grupo B, pertenecen al A.

Es decir: quien no se acerca al sueño con actitud de aprender, lo mira, por defecto, como borracho.

Y concluía, con su gesto habitual:

—¡No se admiten más preguntas!

Generalmente, nos acercamos al sueño cuando ya estamos despiertos. En medio de la habitación, entre imágenes familiares, irrumpen rastros de otro mundo: un rostro, una escena, una frase que no viene de aquí. Algo asoma y nos mira desde allá. Y sentimos que vale la pena prestarle atención.

A veces, esas imágenes se desvanecen rápidamente —como ocurre en el grupo A—; otras, si hay disposición, se dejan observar. Entonces se abre una puerta: no hacia una interpretación inmediata, sino hacia una presencia.

Como si el sueño —al igual que el fuego— pudiera enseñarnos algo si lo contemplamos con cuidado.

Y ahí está la diferencia: tras la borrachera, viene la resaca. Lo aprendido, en cambio, permanece.

Borja también decía que lo comprendido de verdad no siempre puede traducirse en palabras. A veces, lo que queda como fruto del entendimiento es un llanto, una carcajada, una pausa profunda o una súbita conmoción.

Y si mirar es el primer paso, anotar lo soñado abre enseguida otra cuestión: ¿para qué lo anoto? ¿Qué haré con ello después?

Nuestros juegos: presente, pasado y futuro

Vivimos en una época en la que la esperanza —y también el miedo— se proyectan sobre la ciencia y la tecnología. Los antiguos dioses y demonios han sido desalojados de sus templos y yacen hoy en los sótanos de los ministerios, cubiertos de polvo. Y sin embargo, como escribió Omar Jayam en sus *Rubaiyat*, la historia gira sobre sí misma una y otra vez. Lo que alguna vez fue, regresa. Lo que parecía olvidado, retorna. Así ocurre con los sueños, también: nunca desaparecen del todo. Aunque los dejemos de lado durante un tiempo, siguen ahí. Esperando. Porque, desde distintos rincones del mundo, sigue viva una antigua intuición: la de que un día llegará el gran cambio. Algunos lo llaman, simplemente, «el despertar».

Ya en el Renacimiento, Girolamo Cardano[2] lo expresó con claridad: «La finalidad última de los sueños es su utilización». No basta con soñar. Hay que hacer algo con eso. Y a lo largo del tiempo, eso es exactamente lo que ha hecho el ser humano: utilizar los sueños para mirar hacia atrás, para comprender el presente, y para vislumbrar el futuro.

Soñar puede ser, a veces, como mirar por un catalejo. En medio de la confusión cotidiana, algo encaja: «¡Ahora entiendo por qué pasó aquello! Fue por esto otro que ya había olvidado». El sueño nos devuelve una imagen olvidada, o nos revela un deseo

---

2. Girolamo Cardano (1501–1576): médico, matemático y filósofo renacentista italiano. Es conocido por sus contribuciones pioneras al álgebra (especialmente por su obra *Ars Magna*) y por sus escritos sobre los sueños, la astrología y la naturaleza humana. Su pensamiento combinó observación empírica y creencias esotéricas, reflejando la tensión entre ciencia y magia típica de su época.

que no habíamos admitido. Y así, jugamos con ellos. No en el sentido de frivolizar, sino en el de explorar. De intentar comprender, de reacomodar lo vivido.

Muchas veces, nos acercamos al mundo onírico movidos por la angustia o el deseo. Entramos a ese territorio extraño donde lo lógico y lo contradictorio conviven. Y aunque lo que allí ocurre parezca absurdo, buscamos señales, sentidos, revelaciones. Como dice el acaso injustamente olvidado referente Paolo Quatrini, fundador del Instituto Gestalt de Florencia, a menudo nos resulta difícil reconocernos en lo soñado: es como si lo hubiera inventado otra persona, o —como él bromeaba— un duendecillo verde sentado sobre nuestro páncreas.

Y sin embargo, aunque nos resulten ajenos, los sueños son nuestros. Nos muestran algo de lo que somos. O de lo que tememos ser.

Desde Alejandría, Konstanínos Kaváfis[3] nos deja unas líneas que resignifican el fracaso, la desilusión y la pérdida, no como errores o pruebas de que algo salió mal, sino como parte del trayecto:

No lamentes tu suerte que declina,
tus obras fracasadas,
los planes de tu vida que resultaron falsos;
no te quejes en vano.
No digas que fue un sueño.

---

3. Konstantínos Kaváfis (1863–1933): poeta griego nacido en Alejandría, considerado una de las voces más singulares de la poesía moderna. Su obra, marcada por el hedonismo, el escepticismo histórico y la introspección, explora la identidad, el deseo, y el paso del tiempo. Es célebre por poemas como «Ítaca», donde el viaje se convierte en metáfora del sentido vital.

Tal vez no todo sueño tenga sentido. Pero todos nos dicen algo. Porque soñar, al fin y al cabo, es una de las formas más antiguas que tiene la humanidad para comprenderse.

¿Qué hacemos con los sueños?

Si los sueños no son solo residuo ni alucinación, si los vivimos como reales, entonces la pregunta siguiente es inevitable: ¿qué hacemos con ellos?

Con el cuaderno abierto de par en par, empiezo a advertir que anotar un sueño abre enseguida otra cuestión: ¿para qué lo anoto, qué haré con él después? Cuatro verbos me sirven de brújula: recordar, reescribir, dramatizar, ocultar. Cada uno impone un gesto y una consecuencia.

Recordar.

Cruzo mentalmente a Epidauro, donde los enfermos del siglo IV a.C. dormían entre serpientes sagradas para incubar una visión que guiara la curación. Al despertar, narraban la escena al sacerdote de Asclepio, que prescribía baños, dietas o sangrías según la historia nocturna. Recordar era ya una práctica médica: sin relato no había remedio.

Reescribir.

Salto al París surrealista de los años veinte. Breton y Soupault se retan a consignar los sueños al pie de la cama y, al releerlos, los dejan mutar: tachan, añaden, encabalgan frases hasta que la imagen se vuelve poema automático. Reescribir activa otra alquimia: transforma la experiencia en arte, inaugura un campo estético donde lo onírico es materia prima y no mensaje cifrado.

Dramatizar.

Vuelvo más atrás, a Babilonia. Nabucodonosor exige a sus adivinos no solo que interpreten su sueño, sino que lo repitan sin que él lo revele; de lo contrario, la hoguera. Dramatizar funciona aquí como coacción: quien domina la puesta en escena controla el poder. En nuestro tiempo, el acto se replica en clave terapéutica: psicodrama, Gestalt, teatro de la espontaneidad. Dramatizar puede liberar, pero también subyugar; depende de quién marque el guion.

Ocultar.

Llego al presente: una *app* registra fases REM, calcula profundidad y envía gráficos de colores al móvil. El sistema promete mejorar el descanso pero se guarda el derecho de comercializar los datos. El sueño se convierte en capital silencioso. Ocultar deja de ser una decisión privada: a veces la opacidad protege; otras, la confía sin saberlo a un algoritmo.

En todos los escenarios el poder reside en quien interpreta: sacerdote, rey, poeta, terapeuta, ingeniero de datos. De ahí que cualquier uso onírico requiera una ética. He aprendido reglas sobrias: anotar el sueño con precisión, dejarlo reposar antes de exponerlo, elegir a quién se le confía y con qué intención. Compartir solo cuando la relación garantiza cuidado mutuo. Preguntarme siempre hasta dónde quiero que la imagen viaje fuera de mí.

INTERLUDIO IV

En la frontera, el peregrino se recuerda a sí mismo como un adolescente que entra por primera vez en una papelería y compra un cuaderno de tapas azules. Es ya un lector, tal vez un futuro escritor y, sin embargo, hay algo de aquel balbuceo primordial en el gesto con que abre la tapa, escribe la fecha y reserva una página en blanco para el sueño que —lo sabe— llegará esa noche. Hemos pasado de la comunicación corporal a la inscripción consciente, del temblor intrauterino a la palabra puesta en línea recta. ¿Qué haremos con aquello que anotemos? Esa pregunta despliega el siguiente paso del camino.

CUARTA JORNADA DEL CAMINO: ¿PARA QUÉ SIRVEN LOS SUEÑOS?

En vista de que vivir y soñar son procesos intrínsecos, universales, perpetuos e impredecibles —tan básicos, tan comunes y, al mismo tiempo, tan fáciles de olvidar—, cabe preguntarse: ¿por qué se les dedica tanta atención? ¿Por qué se han convertido en objeto de tanto valor, discusión, especulación e investigación? Para empezar a entenderlo, conviene repasar qué es la imaginación.

Resulta que, al igual que soñamos a diario, también imaginamos a diario. El término «imaginación» proviene del latín *imaginatio*, y se refiere a «las posibilidades de la mente humana respecto a la construcción de imágenes, existentes en la realidad o creadas en la fantasía individual». Es, además, «un proceso creativo superior que permite a la persona obrar intrínsecamente, para así crear representaciones con imágenes y emociones percibidas por los sentidos; mecanismos estos que permiten ver un objeto que se había visualizado previamente cuando ya no se encuentra presente en el ambiente».

¿Y qué imaginamos? Pues lo que nos apetece. Todos los días, en muchos momentos, imaginamos formas, escenas, episodios:

que nos estamos comiendo un helado, que nos regalan algo muy deseado, que gozamos eróticamente, que viajamos y nos perdemos, que vencemos o que somos derrotados. A veces nos vemos en lugares que nunca hemos visitado; otras, insultamos con furia o despedazamos a alguien; seducimos, morimos, asistimos a nuestras propias pompas fúnebres. Es decir, imaginamos lo mismo, lo mismo, lo mismo que mientras soñamos. La diferencia está en que creemos que imaginamos lo que queremos, mientras que, cuando soñamos, no sentimos que tengamos el control sobre lo que ocurre. Imaginando nos sentimos creadores; soñando, en cambio, nos sentimos acogiendo algo ajeno, como si estuviésemos siendo invadidos o poseídos.

Con la imaginación damos a luz producciones puramente personales, que a veces recogemos y hacemos accesibles a los demás. Por ejemplo: todas las novelas que se han escrito son producto de la imaginación de quien las concibió así; y lo mismo puede decirse de cada logro del conocimiento humano, de sus capacidades de observación e improvisación, ya sea en lo culinario, en lo religioso, en las ingenierías… o en lo puramente imaginario. También en cada conquista, en cada batalla, en cada guerra.

Estamos de acuerdo en que, durante el día, imaginamos continuamente y que, por la noche, soñamos y soñamos, pero solo atribuimos un carácter inexplicable o incontrolable a aquello que hemos soñado. Y entonces nos preguntamos: «¿Cómo es posible que yo haya soñado tal cosa?»; y si no se debe a mi imaginación, ¿será acaso un aviso del destino?, ¿una enfermedad de la que no soy aún consciente?

Nuestra imaginación —cuando no estamos dormidos— se activa nuevamente, ensayando explicaciones posibles para aquello que hemos soñado. Y así comienza el ciclo de nuevo. El caso es que nuestros sueños despiertan en nosotros una curiosidad más aguda que nuestras propias imaginaciones. Soñar es un poco como ir al cine: no sabemos con qué nos sorprenderán esta vez. En cambio, lo que imaginamos se nos presenta como una tarea cotidiana, más próxima a afianzar lo previsible. Y en cuanto a la pregunta de para qué sirven los sueños, no hay unanimidad. Los usos que imaginamos que pueden tener son muchos y diversos.

De hecho, los usos que atribuimos a los sueños son tantos y de una naturaleza tan diversa que, si los extendiéramos sobre una superficie —como quien compone un mosaico—, obtendríamos un autorretrato de la humanidad. Podría decirse que, al componer ese mosaico, lo que emergería no sería un mapa de funciones, sino un espejo de nuestras creencias más profundas. Porque, más allá de todas sus variantes, hay un uso transversal que parece atravesarlo todo. Así, a la pregunta de «¿qué es la humanidad?», podría responderse: «La humanidad es aquello que, acerca de los sueños, ha elucubrado todo esto, ha emprendido todo aquello, ha considerado y decretado tales y cuales cosas». Y si alguien formulara una segunda pregunta, más concreta —«¿me puede indicar un uso principal, común a todos estos dialectos culturales, que me ayude a entender para qué se han utilizado y se siguen utilizando los sueños?»—, mi respuesta sería: «los utilizamos para darnos la razón». Soñamos para sostener nuestras visiones del mundo, para confirmar lo que creemos, tememos o deseamos. Los sueños nos sirven como espejo, pero también como argumento; como consuelo, pero también como prueba.

Y una vez visto cómo se contemplaban los sueños en épocas pasadas, cabe preguntarse: hoy, en la punta de la proa de esta «ave cruzasiglos» que llamamos Humanidad y que avanza imparable por los océanos del destino, ¿para qué se afirma que sirven los sueños?

Repasemos algunas afirmaciones. Muchos estudios actuales coinciden en que si no soñáramos, nuestra mente no podría procesar ni soportar la avalancha constante de información que nos rodea. Mientras soñamos, se selecciona lo importante y se desecha lo irrelevante. Otros enfoques sostienen que el soñar nos ayuda a lidiar con nuestras emociones, que nos guía hacia aspectos desatendidos de nuestra vida y cumple un papel decisivo en lo que llamamos proceso de aprendizaje. Investigaciones recientes han demostrado que es durante el descanso cuando se consolidan los conocimientos adquiridos en la vigilia y los recuerdos. Además, el sueño participa en la regulación fisiológica de las emociones, ya que durante los sueños a menudo emergen sentimientos que fueron reprimidos durante el día por una gestión emocional deficiente, se refuerzan las conexiones neuronales más utilizadas y se descartan las que no son necesarias, razón por la cual se recomienda a quienes estudian que respeten sus horas de sueño con responsabilidad: así, no solo afianzan lo aprendido, sino que además los sueños les ofrecen un entretenimiento que permite continuar descansando.

Finalmente, se postula que los sueños también son herramientas valiosas para la toma de decisiones: al acceder a una mirada más emocional y creativa, podemos enfrentar los problemas de forma más directa, sin los filtros ni los escapes habituales. En suma, el soñar —lejos de ser un residuo del descanso—, aparece hoy como una dimensión esencial de la salud mental, del aprendizaje, de la creatividad y de la vida misma.

A partir de todo lo anterior, vamos comprendiendo, entonces, que dormir cumple funciones fundamentales para el equilibrio del organismo: regula la homeostasis, permite el descanso, recupera y redistribuye nuestras energías. Soñar, por su parte, contribuye a procesar aprendizajes, gestionar emociones, estimular la creatividad y, en definitiva, encontrar nuevas formas de afrontar los problemas. Además, algunos estudios recientes sugieren que los sueños también nos ofrecen una experiencia radicalmente distinta de la vida cotidiana, permitiéndonos adoptar una visión menos simplista y más compleja de la realidad. En este sentido, su estilo extraño y a menudo caótico serviría para protegernos de la repetición mecánica de nuestras rutinas diarias, ayudando al cerebro a sobrellevar el tedio de lo previsible. Así lo plantea un investigador de la Universidad de Tufts —ubicada cerca de Boston—, quien sostiene que la rareza de los sueños cumple una función precisa: alejarnos deliberadamente de lo cotidiano para evitar una familiarización excesiva con las actividades repetitivas de la vigilia.

En definitiva, los sueños —en su rareza misma— nos protegen del exceso de orden, de previsibilidad y de automatismo, y nos devuelven a un modo más amplio y extraño de experimentar la realidad. En estos tiempos de rutinas hipercontroladas, eso no es poca cosa.

INTERLUDIO V

Para decidir, sigue el peregrino un protocolo breve. Primero escucha su reacción física: si al contar el sueño se le encoge el estómago, quizá no sea el momento. Luego evalúa el contexto: ¿busca consejo, reconocimiento, espectáculo? Por último, formula el límite: qué partes cede, qué partes guarda. El sueño no es mercancía gratuita; llevarlo al foro implica responsabilidad.

Termina la reflexión imaginando un salón neutro: cinco sillones, cinco analistas que han recibido, sin saberlo, la misma descripción onírica. Cada uno redacta un informe distinto. ¿Qué se fractura —o se ilumina— cuando la verdad se reparte en diagnósticos incompatibles?

¿Interpretar los sueños ayuda o confunde? Esa duda abre la puerta al siguiente tramo del camino.

QUINTA JORNADA DEL CAMINO:
LOS SUEÑOS LÚCIDOS

El hilo que seguíamos nos dejó en un cruce delicado: después de aprender a recordar, reescribir, dramatizar y ocultar los sueños —es decir, después de aceptar que lo nocturno siempre puede convertirse en herramienta— surge la pregunta más audaz de todas: ¿es posible despertar *dentro* de una ensoñación y actuar allí con algún margen de libertad? No hablamos ya de recordar al amanecer ni de pedir un símbolo la noche anterior; hablamos de llevar la lucidez al mismo núcleo de la trama onírica, allí donde las imágenes todavía no saben que serán evocadas. Ese atrevimiento tiene un nombre moderno, *sueño lúcido*, y un laboratorio que lo avala.

El sello de LaBerge y una aclaración necesaria

En la década de 1980, el psicofisiólogo norteamericano Stephen LaBerge reunió a un grupo de voluntarios en los sótanos del Stanford Sleep Research Center, conectó sus cráneos a cables de electroencefalografía, les ajustó electrodos a la comisura externa de los párpados y les pidió que, si despertaban dentro del sueño, movieran los ojos en un patrón previamente pactado: izquierda-derecha-izquierda-derecha. Aquella línea de sacudidas apareció nítida en la cinta de registro mientras el encefalograma seguía dibujando las ondas theta de la fase REM. La prueba quedaba firmada: un soñante podía, al mismo tiempo, dormir en clave fisiológica y comunicar conscientemente con el exterior. LaBerge acuñó entonces la definición que se repetirá a lo largo de este capítulo: *Un sueño lúcido es aquel en el que la persona sabe que sueña mientras sueña; la lucidez puede llegar de manera espontánea o bien ser inducida mediante prácticas sistemáticas.*

Pero incluso sin lucidez plena, hay sueños que alteran el curso de una vida. Para ilustrar esa potencia —lúcida o no— recorreremos tres relatos donde lo onírico provocó un giro inesperado: uno disuade un suicidio, otro sana un resentimiento, otro impide una ejecución. Todos son lúcidos a su modo. De otro modo.

Tres sueños que torcieron la flecha del destino

Conviene tomar la lupa y separar dos fenómenos que suelen mezclarse. Uno es la lucidez propiamente dicha: ese instante en que la mente *in situ* declara «esto es un sueño». Otro muy distinto es el sueño que transforma la vida al recordarlo, aun sin haber sido consciente dentro de su narrativa. Los grandes testimonios que hemos ido encontrando hasta ahora pertenecen a esta segunda categoría: sueños «recibidos» que producen un viraje en la vigilia. El territorio lúcido no invalida, sino que expande, la posibilidad de un mensaje no solicitado; le añade la variante de convertirse, si el durmiente lo tolera, en coautor de la obra.

Juan Meléndez, trabajador del campo, inmigrante irregular y amante de la música salsa, fue detenido en 1984 tras una cadena de testimonios contradictorios que lo situaban en la escena de un asesinato ocurrido en Polk County, Florida. En el juicio pesó más su precariedad que las dudas razonables, y el jurado le asignó la silla eléctrica. Diecisiete años después seguía recluido en el corredor de la muerte, en una celda tan estrecha que los brazos rozaban ambas paredes si se extendían. El 20 de enero de 2002 —se conoce la fecha porque él solía trazar una raya diaria en el muro de su celda— terminó de convencerse de que nadie lo sacaría de allí vivo. Sobornó a un carcelero para conseguir una bolsa de basura, la retorció en forma de cuerda, la ocultó bajo el camastro y decidió colgarse antes del recuento matinal. Exhausto de llorar, se tendió boca arriba y cayó en un sueño que, a su decir, olía y sonaba «más real que la celda».

El Caribe se abría delante de él con un azul tan transitable que el mar parecía una claraboya. Vio su niñez repetida en cámara lenta: los chapuzones, las carreras sobre la arena caliente, los cubos llenos de cangrejos ermitaños que él soltaba luego por miedo a que murieran de calor. De pronto aparecieron cuatro delfines —nunca había visto tantos juntos— que se acercaron a jugar, rozándole las piernas como si fuesen gatos acuáticos. Al volver la mirada hacia la orilla, reconoció a su madre. Estaba casi igual que en una foto descolorida del álbum familiar, salvo por la sonrisa inusualmente radiante: *ella estaba alegre porque yo estaba alegre*, recordaría después. Y entonces se despertó con la frase clavada en el pecho: «¡Yo no quiero morir!». La bolsa retorcida terminó en el váter de acero. Dos años más tarde, la defensa localizó la cinta de una confesión que el fiscal había ocultado y Juan recuperó la libertad: «Sin este sueño no estaríamos hablando», les decía a los periodistas.

La segunda crónica se remonta a 1158 y la recoge Martin Buber en sus leyendas jasídicas. La viuda de Rabí Abraham Ben Isaac, asceta y estudioso de la Provenza, se había pasado la vida soportando el retiro contemplativo de su esposo. Siete noches después de la muerte del rabí, ella ve en sueños que ingresa en una sala majestuosa; los muros rezuman luz, hay tronos de grandes maestros dispuestos en semicírculo. El difunto solicita turno de palabra y confiesa: «Mi mujer me guarda rencor porque viví apartado de ella. Tiene razón y debo obtener su perdón». La viuda, ante el tribunal celestial, grita en el mismo sueño: «¡Con todo mi corazón te perdono!». Despierta bañada en lágrimas dulces, apenas puede sostenerse, pero siente el cuerpo liviano como si hubiese saltado un muro de muchos años. Nadie diría que aquel sueño fuera lúcido, pero su efecto —disolver un resentimiento enquistado— revela la fuerza de un guion nocturno obedecido al despertar.

El tercer caso pertenece al siglo XXI y corresponde a Samereh Alinejad, una madre iraní que perdió a su hijo en una pelea callejera. La justicia condenó a muerte al agresor y, según la ley del talión persa, concedió a la familia de la víctima el derecho —y la macabra responsabilidad— de empujar con la mano la silla que el condenado pisa antes de ser colgado. Tres días antes de la ejecución, Samereh sueña a su muchacho. Está en un jardín sereno, la llama «madre» con el tono que usaba de niño y le pide que no se vengue; le asegura que descansa en un lugar tranquilo. Llegado el día, frente al patíbulo, la mujer alza el brazo no para empujar la silla; lo alza para abofetear al asesino —un gesto simbólico que reescribe la agresión— y luego lo perdona. La soga se abre y el muchacho, Balal, vuelve a respirar. Después, la madre de la víctima y la madre del agresor se abrazan y lloran: una de dolor por lo irreparable, la otra de alivio por lo que se pudo evitar. El sueño, una vez más, actuó al amanecer, sin técnicas de inducción, pero con la nitidez suficiente para torcer la flecha del destino.

Tres relatos, tres funciones: disuadir un suicidio, sanar un resentimiento, detener un homicidio legalmente programado. Cada uno ilustra que la lucidez no siempre implica intervención voluntaria *dentro* de la imagen; a veces consiste en despertar con la imagen ardiendo y permitirle dictar un gesto decisivo. Lo prometido se cumple: aunque ninguno de estos casos fue estrictamente lúcido, los tres demuestran que la imagen onírica—cuando logra prenderse al cuerpo— puede dirigir un gesto vital. Eso también es una forma de lucidez: no siempre dentro del sueño, pero sí al despertar, cuando algo en nosotros ya sabe lo que debe hacer.

De Castaneda al electrodo: la promesa de intervenir

Los años setenta, ebrios de contracultura, pusieron la idea de *controlar* el sueño en el escaparate pop. El antropólogo-novelista Carlos Castaneda contó que su brujo yaqui le enseñaba a mirarse las manos durante el sueño. El ejercicio —recorrer con la vista el propio cuerpo onírico— desencadenaba, decía, un chispazo de conciencia. Sea cierto o no, millones de lectores empezaron a acostarse con la orden: «Cuando estés soñando, mírate las manos».

Mientras tanto, al otro lado del Himalaya, la tradición Nyingma ya había codificado el *yoga de los sueños*. Allí, la lucidez no es un parque de diversiones, sino un laboratorio meditativo: reconoces la plasticidad de la imagen, transformas la escena en luz, te entrenas en la compasión y, a la postre, compruebas que la realidad diurna y la nocturna funcionan con la misma sustancia maleable.

LaBerge unió ambas corrientes —la mística y la popular— a la franqueza de una gráfica EEG. Demostró que, durante la lucidez, áreas frontales habitualmente silenciosas en fase REM se desperezan: la metacognición despierta mientras el cuerpo sigue paralizado, y la sensación resultante se describe como «hiperrealidad».

Manual mínimo para quien insiste

Si el lector siente la tentación de probar los sueños lúcidos, el camino más simple es *sembrar duda* durante la vigilia. Cada vez que el día le muestre un detalle absurdo —un número que se repite, una puerta que se cierra sola—, basta con preguntarse: «¿Estoy soñando?». Esa pregunta autorreferencial y repetida coloniza la noche. Antes de dormir, se escribe en un cuaderno: «Quiero ser consciente de que sueño» y se repasa una escena onírica reciente. Al despertar, incluso a las tres de la mañana, se anota lo que venga, sin juzgar coherencia ni belleza. Al cabo de una semana suele ocurrir que la memoria onírica se expande. Si la lucidez aparece, el consejo es observar antes de alterar; las prisas por volar suelen despertar al soñante.

Poder, peligro y propósito

Quien persigue la lucidez por «poder» —confesaba un paciente— ignora que el sueño sabrá defenderse. La sobreexcitación redunda en insomnio; la fantasía puede volverse droga. El budismo tibetano lo entiende como *maya*: el soñador aprende a reconocer la ilusión para cortar el apego, no para mejorar la ilusión. LaBerge, por su parte, estudia su uso clínico en pesadillas crónicas y estrés postraumático; los resultados indican que, si el soñante logra recordar que sueña, la pesadilla pierde el filo.

Incubar: sembrar la pregunta

Antes de LaBerge existía la *incubación*, es decir, pedir un sueño orientador. Los templos de Asclepio recibían a enfermos que ayunaban, se purificaban con agua de fuente y dormían dentro del *abaton*. Soñaban con la serpiente sagrada y, al despertar, el sacerdote interpretaba la escena y dictaba un tratamiento: hierbas, sangrías o cambio de dieta. Incubar y lucidar se rozan: ambos presuponen que hay diálogo entre regiones de conciencia; la diferencia es temporal. Incubar manda la pregunta y espera; el acto de lucidar reconoce, en directo, la llegada de la respuesta.

Del sueño al laboratorio de la vida

La lucidez nos recuerda que la frontera entre fabricar y contemplar es porosa. Si en pleno sueño descubro que la ciudad se derrite y, en lugar de huir, giro la calle porque sé que el asfalto es maleable, ¿qué impide que, durante una discusión en la oficina, algo similar suceda? El hábito de preguntar: «¿estoy soñando?» puede colarse en la vigilia y abrir un milímetro de libertad allí donde antes solo cabía la reacción automática. En eso radica su potencia terapéutica.

En el capítulo siguiente volveremos a poner los pies —o las sinapsis— en el suelo: analizaremos cómo el sueño, lúcido o no, redistribuye energía neuronal, barre detritos tóxicos y ensaya futuros. Veremos que la lucidez no es un truco aislado, sino una extravagancia perfectamente compatible con la función biológica del dormir. Si el cerebro permite despertar dentro de la película que él mismo proyecta, quizá sea porque esa interferencia, bien dosificada, refuerza la flexibilidad del sistema en su conjunto. Esa, al menos, es la hipótesis que nos aguarda en nuestra siguiente etapa.

INTERLUDIO VI

El peregrino camina por una ciudad hecha de pliegues. Las calles se curvan sobre sí mismas y los edificios susurran frases incompletas por las ventanas. Sabe que está soñando: lo sabe al ver flotar una piedra sobre un espejo de agua, al notar que su sombra late con el pulso de un animal dormido.

Por primera vez, no quiere alterar nada. No vuela, no transforma la escena. Solo sigue andando, atento.

Al fondo del callejón hay una puerta sin pomo. Sobre ella, una inscripción parpadea como si dudara en quedarse: «Aquí termina la lucidez y comienza la interpretación».

Duda.

—¿Y si cruzo? —pregunta en voz alta.

Una figura encapuchada, sentada en el umbral, responde sin levantar la vista:

—Si cruzas, vas a querer entender.

—¿Y si no cruzo?

—Vas a querer entender igual.

El peregrino permanece en el umbral. No cruza, pero tampoco se aleja. La puerta no se abre ni se cierra. Está ahí, como un signo de interrogación sin respuesta inmediata. Entonces, surge la pregunta inevitable:

¿Tiene sentido interpretar lo que soñamos? ¿O tal vez estamos persiguiendo sombras con linternas rotas?

SEXTA JORNADA DEL CAMINO: INTERPRETAR LOS SUEÑOS (O NO)

La interpretación ha sido, desde siempre, una de las formas más antiguas de buscar sentido a los sueños. Pero ¿qué ocurre cuando los sentidos son múltiples, contradictorios o inestables? Manuel D. Zane, un psicólogo norteamericano especializado en el estudio de las fobias, tenía una hipótesis clara: que la interpretación de los sueños no era más que una construcción arbitraria, una especie de ejercicio de imaginación profesional. Para probarlo, diseñó un pequeño experimento informal.

Tomó el sueño de un paciente suyo: el hombre soñaba que estaba sentado frente a un peluquero excesivamente locuaz y, al verse reflejado en el espejo, se horrorizaba al descubrir su incipiente calvicie. Un sueño cotidiano, aparentemente banal, sin monstruos ni símbolos evidentes que presentó por separado a cinco psicoanalistas de renombre.

Ninguno conocía al paciente ni había oído hablar de él. Todos leyeron el mismo relato, sin ningún otro dato que el contenido del sueño.

Y, sin embargo, las interpretaciones que ofrecieron no pudieron ser más dispares:

- Uno afirmó que era una trasposición simbólica de la relación padre-hijo.
- Otro aseguró que se trataba de una defensa frente a un ataque al «omnipotente narcisismo» del sujeto.
- Un tercero sostuvo que era una escena de ira reprimida, cuidadosamente contenida.
- El cuarto habló del miedo creciente como emoción dominante en la vida del soñante.
- Y el último vio en la escena una clara expresión del conflicto no resuelto con las propias inclinaciones homosexuales.

Cinco interpretaciones distintas, cinco narrativas posibles. Todas plausibles, todas articuladas con lenguaje técnico, todas aparentemente fundadas… y todas incompatibles entre sí.

Satisfecho con el resultado, Zane concluyó —con el entusiasmo del escéptico que se siente vindicado— que la interpretación de los sueños no era más que una lotería simbólica. Pura conjetura. Un juego de proyecciones del terapeuta más que un camino hacia la verdad del paciente. Y, llevado por su propio juicio, no dudó en extender esa sospecha a todo intento de trabajo interpretativo con lo onírico: inútil, cuando no directamente pernicioso. Como si interpretar un sueño fuera plantar una flor imaginaria en un terreno baldío, esperando que eche raíces reales.

Para Zane, entonces, los sueños no hablaban. O hablaban en tantos lenguajes distintos que su voz se disolvía en el ruido. Lo simbólico quedaba relegado al terreno de lo subjetivo, donde toda verdad se volvía sospechosa por exceso de versiones posibles.

Cinco siglos antes, el Rabí Banaá ya había jugado su propio cara o cruz con los sueños. Su propuesta, más que un experimento académico, fue una honda experiencia, vivida y relatada con la sencillez de quien ha conocido el misterio sin necesidad de explicarlo.

Contaba que una vez tuvo un sueño particularmente inquietante. Y decidió, como quien recorre un mercado de sabiduría, consultar a cada uno de los veintisiete intérpretes de sueños que había en Jerusalén. Fue de uno en uno, escuchando atentamente lo que cada sabio tenía que decir.

Y ocurrió lo previsible: ninguna interpretación coincidió con la otra. Cada maestro ofreció una lectura distinta, a veces contradictoria, a veces desconcertante. Lo que para uno era un anuncio de prosperidad, para otro era una advertencia. Lo que un tercero vio como señal de pérdida, un cuarto lo interpretó como promesa de redención. Veintisiete visiones para un solo sueño.

Y, sin embargo —dice el Rabí—, en lo que aconteció después de aquel sueño, todas las interpretaciones se cumplieron. Cada una, a su modo, encontró su eco en la realidad. Como si el sueño hubiese sido una semilla de múltiples frutos. Como si no se tratara de elegir una verdad entre muchas, sino de comprender que todas, en su parcialidad, revelaban algo verdadero.

De allí extrae su conclusión: el trabajo con los sueños es santo y beneficioso. Su valor radica en las interpretaciones que abren caminos. No son diagnósticos cerrados, sino puertas simbólicas. El sueño —dice el Rabí— es la veintisieteava parte de una profecía: ni el todo, ni el vacío. Un fragmento sagrado. Una señal que no impone, pero que invita. En su mirada, lo importante no es la precisión, sino la disposición. No si el intérprete acierta o falla, sino si quien sueña está dispuesto a recibir algo, a cambiar algo, a mirar con otros ojos.

Donde Zane ve relativismo y error, Banaá ve fecundidad. Donde uno detecta arbitrariedad, el otro encuentra multiplicidad de sentidos.

Así, el tablero queda abierto:

¿Cara o cruz?

¿Conjetura o revelación?

¿Ruido o resonancia?

Tal vez no se trate de elegir entre Zane y Banaá, sino de saber desde dónde jugamos. Si como borrachos que proyectan su confusión, o como aprendices que se sientan a escuchar, aunque no comprendan todo. Porque, al fin y al cabo, quizá no se trate de interpretar el sueño, sino de dejar que nos transforme.

Mientras sueño, el mundo está soñando. Y cada hecho del mundo —sin excepción— es el mundo mismo, el universo tal cual.

Al físico, biólogo y poeta Lewis Thomas le preguntaron en una ocasión qué era para él el universo y cómo podíamos estudiarlo para comprenderlo. Su respuesta fue insólita y luminosa: propuso concentrar toda la sabiduría y la potencia científica del mundo en un único punto de atención: un ejemplar de ciertas bacterias que viven como parásitos en el intestino de una subespecie de termitas australianas.

Con esto quería decir que, para él, en cada parte del todo está el todo entero. Los elementos celulares de ese recóndito inquilino, la química de su maduración, sus órganos sensoriales, su modo de orientarse hacia los otros, su trayecto evolutivo hasta ocupar ese lugar: todo ello obedece a las mismas leyes que rigen la expansión de las galaxias o la formación de la conciencia. Conocer profundamente ese micro parásito —en toda su especificidad— equivaldría, para Thomas, a conocer el universo.

Yo pienso lo mismo respecto al mundo de los sueños.

No los miro como algo que sucede en el mundo, ni como fragmentos aislados de esto o aquello. Los miro como quien contempla una piedra, una fuente, un pájaro o un eclipse: no como parte del mundo, sino como el mundo mismo. El sueño no es un espejo: es la materia. No es la sombra: es la sustancia.

Como dice Paolo Quatrini:

> El sueño es una experiencia, una parte de tu vida. Yo no tomo tu sueño como si fuera algo ajeno, separado, una unidad cerrada que viniera desde otro lugar y no pudiera tocarse. Lo tomo exactamente como lo que es: una parte viva de tu existencia. Y, cuando lo entiendo así, no solo me permite jugar con él… Me invita a hacerlo. Es decir: yo me invito a jugar conmigo mismo.

Hay un instante, justo antes de despertar, en que el sueño aún nos envuelve como una bruma leve. No sabemos si sigue adentro o afuera. Si lo estamos recordando, o si todavía nos sueña él a nosotros. Ese instante no es un umbral cualquiera: es la grieta por donde se filtra algo esencial.

No se trata de interpretar, ni de acertar, ni de convertir el sueño en mensaje útil. Se trata, quizá, de detenerse a sentir su temperatura, de dejar que nos atraviese sin apresurarnos a domesticarlo.

Zane quiere pruebas, coherencia, método. El Rabí Banaá, en cambio, nos recuerda que hay algo en los sueños que no se somete al juicio: no se trata de cuál interpretación es verdadera, sino de cómo cada una nos revela algo que ya estaba ocurriendo.

Y si miramos con la mirada del abuelo —no la del borracho que proyecta y desfigura, sino la de quien contempla con una mezcla de respeto, ironía y ternura—, tal vez podamos ver lo mismo que Lewis Thomas vio en una bacteria olvidada: el universo entero concentrado en un gesto minúsculo, repetido, vivo.

Mirar así un sueño no es buscar su utilidad. Es reconocer que nos habla en su lengua, no en la nuestra. Que no está hecho para nosotros, sino *de nosotros*. Que no viene a explicarnos nada, sino a hacernos compañía.

Y si acaso una palabra, una escena, un llanto o una risa se nos queda pegada, como musgo al paso, entonces quizás algo se ha dicho.

No lo sabremos enseguida. Tal vez nunca. Pero habrá una resonancia.

Un sueño, como una piedra o una herida, no es parte del mundo. Es el mundo. Y cuando jugamos con él —cuando nos dejamos jugar por él—, no hacemos solo terapia.

Hacemos presencia.

Hacemos fuego.

INTERLUDIO VII

El peregrino se detiene junto a un montículo de piedras. No sabe cuánto tiempo lleva caminando, ni si el camino que sigue ha sido elegido o simplemente heredado. El aire huele a cobre y a raíces húmedas. A su izquierda, hay un letrero clavado en la tierra. No tiene palabras, solo un símbolo: un espiral que se enrosca sobre sí mismo.

Siente que alguien ha estado allí antes. Que ese lugar ya ha sido soñado muchas veces, por otros. Mira alrededor. No hay señales. No hay guía. Solo un silencio espeso, como si el mundo esperara que él dijera algo primero.

Entonces lo entiende: ese no es un sitio para interpretar. Es un sitio para escuchar.

Se sienta sobre una roca lisa y cierra los ojos. El sueño no llega como historia, ni como mensaje. Llega como temperatura, como roce en la piel, como un zumbido que no sabe de dónde viene. No hay símbolos que decodificar. No hay trama. Solo la certeza de estar contenido por algo que no necesita explicación.

Abre los ojos. No ha pasado ni un segundo. O tal vez han pasado siglos.

Se pone de pie.

El camino que sigue ahora no es de piedra ni de polvo. Es un camino hecho de la misma materia que los sueños. Late bajo sus pies, como si caminara sobre una criatura dormida.

Y mientras avanza, no piensa en lo que significa.

Solo siente que está dentro.

SÉPTIMA JORNADA DEL CAMINO: EL SUEÑO COMO SUSTANCIA VIVA

«¿Qué es para ti el mundo del soñar?».

Gregory Bateson —científico social, cibernético, escritor— respondió a esta pregunta en su libro *El temor de los ángeles* con una de esas frases que dejan un eco: «Creo que Próspero se equivocó cuando dijo que estamos hechos de la sustancia de que están hechos los sueños. Lo que debería haber dicho es que los sueños son trozos y fragmentos de la sustancia de que estamos hechos. Y lo que sea esa sustancia… ese ya es otro asunto completamente diferente».

Bateson sostenía que un sistema vivo no se define por lo que contiene, sino por sus relaciones internas, y por los patrones que conecta. La mente —como el sueño— es una red de diferencias que se informa a sí misma a través de variaciones. En este sentido, soñar no es una anomalía ni un lujo evolutivo, sino una función vital: una forma de reorganizar información, de mantener abierta la diversidad de conexiones posibles, de explorar alternativas sin las consecuencias de actuar. Soñamos como una manera de mantener la mente en movimiento. De ensayar sin exponernos. De practicar sin pagar el precio del error. De seguir vivos.

Pulpos, gatos, aves migratorias, elefantes, ratas. En todos ellos se han registrado fases oníricas, movimientos corporales durante el sueño y reacciones fisiológicas similares al REM. A veces, en laboratorios, se ha observado cómo las mismas neuronas que se activaban durante una exploración en estado de vigilia vuelven a dispararse mientras el animal duerme. Como si el cerebro ensayara de nuevo lo vivido. Como si afianzara rutas, procesara emociones y trazara simulaciones. Y es que soñar parece ser una necesidad evolutiva, una herramienta adaptativa, una forma silenciosa y nocturna de aprendizaje y reorganización.

Incluso algunas formas recientes de Inteligencia Artificial, inspiradas en estos procesos, incorporan mecanismos comparables al sueño: momentos de pausa o «sueño simulado» para reorganizar su red, borrar ruido acumulado, integrar aprendizajes. Como si incluso en lo no biológico se empezara a intuir que sin desconexión, sin ensayo interno, no hay verdadera adaptación.

Hay un instante, justo antes de despertar, en que el sueño aún nos envuelve como una bruma tibia. No sabemos si sigue adentro o afuera. Si lo recordamos o si aún nos sueña él a nosotros. Ese momento no es un umbral cualquiera: es una grieta, un intersticio por donde se filtra algo esencial. No se trata de atrapar ese resto y convertirlo en mensaje útil o metáfora iluminadora. A veces, basta con dejar que un fragmento permanezca, como se deja secar una hoja entre las páginas de un libro. El sueño no siempre viene a decirnos algo: a veces solo quiere hacer compañía.

Lo vimos antes: Zane quiere pruebas, coherencia, método y Banaá, en cambio, nos recuerda que no todo puede someterse al juicio racional. Que las interpretaciones no buscan una verdad objetiva, sino que revelan, cada una a su modo, algo que ya estaba ocurriendo. El sueño no tiene por qué servir. No necesita tener razón. Su verdad no es la nuestra, y no está hecho para darnos respuestas, sino para recordarnos que seguimos vivos. Que somos capaces de resonar. Y si algo en él —una palabra, una risa, una imagen— se nos queda pegado al cuerpo como musgo al paso, entonces quizás, sin saberlo, ya empezó a hacer su trabajo. Mirar así un sueño no es buscar utilidad ni sentido inmediato. Es reconocer que el mundo onírico tiene su propio lenguaje y su propia ley. Que en su lógica sin lógica puede estar la misma sabiduría que en una bacteria olvidada o en el giro de un planeta.

Bateson insistía en que el azar y la necesidad no bastan para describir la vida: hace falta ver el circuito completo de retroalimentaciones que mantiene la coherencia de un sistema y permite que se adapte sin desmoronarse. Lewis Thomas respondía en otra clave, microscópica y poética: «Una bacteria es lo bastante pequeña para caber en una gota y, sin embargo, contiene la lógica del universo». Ambos, desde ángulos distintos, afinaban la misma idea: lo que parece nimio regula lo que creemos vasto; la pieza más frágil sostiene la arquitectura global. Me sirvo de esa perspectiva para mirar el sueño como una dinámica ecológica en miniatura, un ciclo que toma energía diurna, la disuelve en símbolos y la devuelve como impulso recombinado para el día siguiente.

En 1994, Matthew Wilson y Bruce McNaughton implantaron microelectrodos en el hipocampo de ratas que aprendían un trazado laberíntico. Durante la vigilia, cada giro izquierdo o derecho disparaba una secuencia eléctrica específica. Al llegar la noche, el cerebro repetía la misma melodía sin mover un músculo. El hallazgo sorprendió porque la repetición era comprimida: la partitura tardaba la mitad de tiempo en ejecutarse, como si el animal rebobinara la experiencia para destilar su esencia. A la mañana siguiente, las ratas optimizaron la ruta y redujeron los errores.

Ensayaban futuros con un gasto metabólico mínimo —igual que un aviador se entrena en un simulador, pero sin pagar combustible ni arriesgar la carcasa.

En 2021, un grupo de biólogos marinos filmó a un *octopus laqueus* que entraba en un reposo semejante al sueño de ondas lentas. El cefalópodo, yermo sobre la roca, empezó a mutar de color cada sesenta segundos: pasaba por patrones de camuflaje, luego mostraba parches de alarma y, por fin, estampados que suele reservarse para el cortejo. Ningún depredador rondaba el tanque; ninguna presa merecía semejante espectáculo. El pulpo parecía revisar su catálogo de respuestas innatas y calibrar la saturación del cromo antes de volver a la inactividad. No sabemos si imaginaba la amenaza o si simplemente regulaba la química de los cromatóforos. Pero el ciclo se repitió, puntual, varias noches seguidas. Ensayo sin riesgo. Ese simulador nocturno no solo permite ajustar reflejos: también modela respuestas afectivas y simbólicas. Ensayamos no solo movimientos, sino versiones de nosotros mismos.

Las teorías evolutivas sobre el sueño REM convergen en un punto: ofrecen a la especie un teatro interno donde probar sin costo los guiones más peligrosos o improbables. En humanos, las regiones visuales se iluminan durante REM con la misma intensidad que cuando los ojos realmente miran; el sistema límbico —núcleo de la emoción— se activa sin la intermediación de la corteza prefrontal, que gobierna el juicio. El resultado es un espacio protegido para mezclar peligro y deseo, repetición y sorpresa, hasta que surge una síntesis utilizable. Antonio Zadra y Robert Stickgold lo llaman simulación predictiva: una ficción que sirve de anticipo razonable a un mundo demasiado vasto para abarcarlo en directo.

Pero la dimensión ecológica del sueño no acaba en la función cognitiva. Durante el ciclo nocturno, la glía duplica su actividad y barre metabolitos tóxicos, como la beta-amiloide que, al acumularse, se asocia al Alzheimer. El cerebro se encoge un 14% y permite que el fluido cefalorraquídeo circule con más libertad; es una limpieza hidráulica que apenas ocupa unos pocos minutos. Cuando el insomnio se cronifica, no solo flaquea la memoria: la carga de detritus se acumula y la inflamación se dispara, igual que un río que no evacúa sedimento y termina colmatando su cauce. La metáfora bacteriana cobra sentido: un proceso diminuto garantiza la salud del ecosistema.

Para Bateson, un bosque sano necesita la acción simultánea de microbios, hongos, insectos y raíces que negocien sin plan maestro. El sueño, al nivel del individuo, replica esa polifonía. En él conviven restos de la conversación telefónica que nos irritó, la cara apenas vista de un desconocido en el metro, la alarma evolutiva frente al precipicio y el avance técnico de la memoria procedimental. El psicólogo Mark Solms sostiene que la dopamina, al fluir en REM, motiva la exploración imaginaria y premia la novedad como haría ante una fruta recién descubierta. De ese modo, la química del deseo asegura que la simulación no se estanque en repeticiones estériles.

En la clínica, observo la otra cara del equilibrio. La noche de quien ha sufrido un trauma se puebla de repeticiones exactas: la explosión, el olor a metal, la sacudida. El teatro interno se congeló en un fotograma y dejó de servir al ensayo; se volvió un flashback químico que aumenta la dopamina sin otorgar novedad ni resolución. Ahí la ecología se desregula y el sueño ya no depura, sino que intoxica. Por eso, los protocolos de intervención —EMDR, imaginación con control de guion, terapia de exposición nocturna— buscan reintroducir variaciones en las escenas, para que la simulación recupere su fluidez.

Frente a esa complejidad, mi ritual nocturno pretende ser humilde: media hora antes de dormir, apago la pantalla y dejo que las paredes recuperen su sombra; guardo el teléfono en un cajón y reemplazo la última ráfaga de luz azul por la respiración lenta que acompasa el nervio vago. No busco *higiene* como quien pule un acero, sino como quien limpia la acequia para que el agua encuentre paso. Dejo una libreta junto a la cama y escribo una pregunta breve: «¿Qué necesito ver?». Nada más. No todas las noches hay respuesta; lo importante es que el sistema sepa que puede volver a experimentar.

Hacia el final de la jornada, pienso en un consultorio iluminado por lámparas cálidas. Hay dos sillas frente a frente; la mesa está vacía. Un paciente recién llegado se sienta con la espalda rígida y cuenta, casi sin respirar, el sueño que lo ha despertado de madrugada. Narra el temblor, la caída, la cara que no reconoce. El terapeuta escucha, quizá anota. En ese instante el laboratorio ecológico —hecho de pulsos, menudencias y cromatóforos invisibles— entra en la clínica. ¿Cómo se traducen esos microprocesos en la sintaxis de un vínculo terapéutico? ¿Cómo dialoga la autorregulación mínima del sueño con una biografía herida?

Si la noche sirve de laboratorio biológico y de foro cultural, en la clínica adquiere un tercer registro: es un teatro interno donde las partes de la identidad, a menudo aisladas por el trauma, intentan reconocerse. Aquí entra en escena Philip M. Bromberg.[1]

---

1. Philip M. Bromberg (1931–2020) fue un psicólogo y psicoanalista estadounidense que, a lo largo de más de cinco décadas, marcó el paso del pensamiento relacional en Norteamérica. Formado primero en Psicología clínica —licenciatura en la Universidad de Nueva York (1953), máster en The New School for Social Research (1961) y doctorado en la propia NYU (1967)—, se especializó en el William Alanson White Institute, donde terminó siendo supervisor y analista de formación; allí impartió docencia

Su teoría de los *self-states* (estados del yo) disociados parte de una observación sencilla y feroz: ante experiencias intolerables, la psique no rompe; se atomiza en voces que aprenden a turnarse para que ninguna cargue con todo el dolor. El precio es la amnesia recíproca: cada estado ignora lo que el otro siente, desea o teme.

En la consulta, decía Bromberg, los sueños traen una oportunidad. Liberados de la vigilancia prefrontal, los *self-states* hablan sin filtros y negocian en un lenguaje que la vigilia reprime. El terapeuta no interpreta desde afuera; «está en los huecos» donde las placas tectónicas del yo rozan y crujen. Presencia reguladora más que descifrador de símbolos.

Su método está condensado en un caso que llaman «The Gorilla Did It», en el cual una mujer sueña que un gorila le destroza su casa. La imagen, que en un principio parece absurda, revela lenta y corporalmente un abuso infantil nunca contado. La imagen del animal desmesurado protege el recuerdo —lo reviste de disfraz grotesco—, y al mismo tiempo lo trae a la puerta de la conciencia.

El trabajo no busca suprimir la bestia ni traducirla a una metáfora pulcra: procura que la soñante pueda mirarla, sentir la rabia

---

durante casi toda su carrera. También ejerció como profesor clínico adjunto en el Programa de Postgrado en Psicoanálisis y Psicoterapia de la NYU, y como psicólogo asistente en el New York Hospital–Payne Whitney Clinic.

Bromberg fue coeditor emérito de *Contemporary Psychoanalysis* y miembro de los consejos editoriales de *Psychoanalytic Dialogues* y *Psychoanalytic Inquiry*, tribunas desde las que impulsó un diálogo constante entre psicoanálisis interpersonal, teoría del apego y neurociencia. El eje de su obra gira en torno al concepto de *self-states*, «estados del yo» semiautónomos cuya convivencia —o aislamiento traumático— define la salud psíquica. Esa idea estructura sus tres volúmenes fundamentales: *Standing in the Spaces* (1998), *Awakening the Dreamer* (2006) y *The Shadow of the Tsunami* (2011). En ellos, situó el sueño, más que como producto del inconsciente, como escenario donde los estados del yo disociados pueden negociar su presencia bajo la mirada reguladora del terapeuta.

y el pánico, y permanecer en el propio cuerpo sin colapsar. Cuando eso ocurre, el sueño recupera su función evolutiva: ya no repite el terror congelado; ensaya futuros en los que la protagonista posee agencia.

Bromberg nos interesa mucho por su doble fidelidad: respeta la biología del sueño —su cualidad de simulador flexible— y respeta la política del relato —ninguna voz tiene hegemonía sobre las demás. Su clínica marca el punto de inflexión: muestra que el símbolo nocturno es sustancia viva, pero necesita un marco relacional seguro para desplegar su potencia transformadora.

Cuando soñamos, no solo reconfiguramos memorias o ensayamos rutas: también ensayamos versiones posibles de nosotros mismos. La mente, al soñar, no se limita a reproducir el pasado ni a anticipar el peligro: explora identidades en movimiento, voces que hasta entonces vivían aisladas. Y es ahí —en esa pluralidad interna que el sueño convoca sin juicio ni jerarquía— donde aparece la puerta de entrada a otra dimensión: la de los vínculos entre nuestras partes. Una dimensión donde el sueño ya no es solo proceso biológico o fenómeno cultural, sino territorio relacional: escenario donde nuestros distintos «yoes» pueden, por fin, empezar a reconocerse. Esa es la clave que Philip M. Bromberg afina en su trabajo clínico, y será el corazón del próximo capítulo.

INTERLUDIO VIII

El peregrino avanza por un terreno que no es del todo suyo. No sabe si camina por dentro o por fuera del sueño, pero eso no importa: el cielo es de un gris translúcido y el suelo respira con lentitud, como si algo bajo la tierra estuviera dormido y aún soñara con él. Cada paso activa una imagen: una mujer que lo mira desde una ventana, un niño que no cesa de llorar, un espejo sin reflejo.

Sabe que no está solo. En los márgenes del camino, figuras sin rostro lo observan. No son enemigos. Son partes. Fragmentos que no lograron hablar entre sí durante el día y ahora reclaman voz. Algunas lo señalan. Otras lo invitan a seguir. Una —la más pequeña— le extiende una piedra tibia y le dice: «Llévame contigo».

El peregrino no responde. Guarda la piedra en el bolsillo y continúa. Lo que busca no es una interpretación. Es un encuentro. Un punto de reunión para las voces que nunca coincidieron en la vigilia. Una zona de tregua.

Al fondo aparece una casa. No sabe si es una clínica o un sueño recurrente. Entra. Hay dos sillas enfrentadas. En una de ellas está él, pero también está otro. Y otro. Y otro. Todos son él, pero cada uno mira desde un tiempo distinto. Uno ríe, otro se encoge, otro apenas respira.

El peregrino se sienta. No dice nada. Solo escucha.

Y en ese gesto, silencioso y atento, algo se afloja. No una cura, ni una verdad. Apenas una corriente sutil entre cuerpos que empiezan a reconocerse. No hay interpretación, pero hay resonancia. No hay traducción, pero hay contacto.

El sueño no termina. Se transforma. Y él permanece, no como quien busca respuestas, sino como quien sostiene el espacio donde las partes pueden, al fin, hablarse.

OCTAVA JORNADA DEL CAMINO: *SELF-STATES* Y SUEÑOS

Este capítulo parte de una constatación tan breve como inmensa: yo sueño y percibo mis sueños.

Somos criaturas terrestres dotadas de un engranaje fino que integra experiencias corporales, sensoriales, relacionales, emocionales e intelectuales. Algunas corrientes de esa vitalidad archivan lo que los sentidos capturan; otras destilan las imágenes que irrumpen mientras dormimos. Así se dibuja nuestra condición: un tejido de impulsos instintivos —potentes, limitados, protectores— que, al mismo tiempo, se muestra extraordinariamente flexible y capaz de actualizarse sin cesar. Con esa base, comprender el resto ya no parece un horizonte tan lejano.

Aunque venimos equipados para sobrevivir, carecemos de un radar infalible que nos aparte, a tiempo, de lo que luego —a veces demasiado tarde— reconoceremos como un error. Baste el ejemplo de aquel remoto pariente cromañón que salió a buscar comida y terminó abatido por un enjambre de avispas furiosas: la especie nunca ha dispuesto de advertencias perfectas.

Dentro de nosotros conviven ideas, impulsos, sensaciones y sentimientos mezclados sin orden jerárquico; distinguir una salida saludable de otra abiertamente dañina suele exigir más lucidez de la que disponemos en el momento crucial. Y a la condición animal, hemos de añadir la de animales sociales, con normas tan complicadas como cambiantes. Desde la primera infancia —de la especie y de cada individuo— se agolpan mandatos, tabúes, rivalidades, virtudes proscritas y barbaridades celebradas. Ese cúmulo contradictorio es lo que, con cierta solemnidad, llamamos *madurar*.

Algunos estudios describen la naturaleza humana como un sistema fundamentalmente equilibrado, autoconsistente, que expresa su lugar en el mundo mediante conductas espontáneas de adaptación. Según esa mirada, cualquier intento de «mejorar» ese equilibrio —al que denominan homeostático— entraña el riesgo de desajustarlo. Y, en efecto, tal desajuste es posible, pero no resulta sencillo: requiere una presión sostenida, una intervención intrusiva que apriete donde el mecanismo cede. Ese apretar, repetido desde la infancia, recibe un nombre tan común que apenas repara en su propia violencia: «educación».

La identidad de cada cual se forma en esa fricción. El yo no nace dado; se decanta a partir de múltiples corrientes que confluyen y compiten. De ahí la asombrosa variedad de matices que observamos entre personas. La autorreferencia —ese instante íntimo en que uno se dice «esto soy yo»— va modelándose a golpes de adición y sustracción. Surgen voces internas: *sé nadar*, proclama un día quien hasta ayer se declaraba incapaz de flotar. Llegan juicios externos: *eres más listo que tu compañero*, o, con la misma ligereza, *eres el más torpe de la clase*. Las novedades se apilan, chocan, pugnan por la cabecera. No es raro que, tras años de «eres muy malo», aparezca de pronto un «eres muy bueno» destinado a convivir con su opuesto en la misma biografía. Esa mezcla incesante de consignas internas y etiquetas impuestas teje el tejido —siempre provisional— al que damos el nombre de *yo*.

Algunas experiencias se adhieren de inmediato al «yo en construcción» y nos hacen sentir criaturas dignas de todo afecto; otras necesitan una condición externa —quizá la aprobación del adulto de turno— para encontrar alojamiento estable en la conciencia. También existen vivencias marcadas por un estímulo especialmente aversivo; a esas intentamos arrojarlas a un supuesto pozo del olvido. No funciona. No hay tal fosa salvadora. Lo que de verdad logramos es aislarlas, desconectar sus circuitos de recuerdo y sembrar, en su lugar, pequeñas bolsas de miedo y vergüenza. La maniobra recibe muchos nombres; entre ellos, «evitación» o, con un matiz técnico que pronto nos será útil, «disociación».

Así, ocurre que un Homo sapiens cualquiera, en cualquier instante de su vida, es una maraña de afirmaciones, negaciones y capas defensivas. Con ese ovillo conversa, ama, discute o dirige una reunión con otros ovillos humanos en la misma encrucijada. Sin advertirlo, despachamos señales de seducción, alarma, soberbia o sumisión que viajan hasta el interlocutor, el cual filtra esas señales a través de su propio tejido de zonas fóbicas y respuestas inconscientes. Llamamos interrelación —o, más pomposamente, *comunicación*— a ese intercambio mínimo entre lo que queremos decir y lo poco que de verdad conseguimos transmitir.

Para mirar esta trama desde otro ángulo conviene acudir al libro *Awakening the Dreamer* (*Despertando al soñador*), de Philip Bromberg, a quien te he presentado en el capítulo anterior. Su propuesta iluminará lo que ocurre cuando esas bolsas disociadas encuentran, por fin, un escenario —el sueño— donde hacerse oír.

Bromberg abre fuego con una idea desestabilizadora: en materia de identidad, el «yo» no conoce al «yo». Aquello que llamamos Yo —con mayúscula reverencial— está lejos de ser una unidad sólida. Hoy me digo: «Estoy bien»; la semana pasada repetía: «Me siento triste»; dentro de un mes afirmaré: «Estuve leyendo que…» y, en cualquier momento, soltaré con convicción: «A mí no me engañan tan fácilmente». Reunimos esos enunciados como si pertenecieran a un mismo sujeto continuo y de ahí deducimos la existencia de un ente estable que atraviesa todos nuestros momentos. Bromberg revoca la conclusión: no hay pruebas de tal solidez. En vez de un bloque, encuentra un flujo incesante de *self-states* —estados del yo—, pequeñas unidades en perpetua agitación que pueblan constelaciones neuronales y compiten por hacerse oír.

Pensemos en una caminata cualquiera. Avanzo por la acera acompañado por un coro interior de cien voces simultáneas: «Gira por aquella calle», «Evita esa baldosa resbaladiza», «Qué niño tan feo», «Pisa la colilla», «Apura el paso», «Levanta la cabeza», «No olvides llamar a tu hermano». De pronto, una de ellas logra acaparar mi atención y, durante unos segundos, dirige la orquesta de mis actos; las demás permanecen en penumbra. Unos metros después, el mando cambia de manos y una nueva voz —quizá la del recuerdo de un aroma o la de un viejo temor—, decide el próximo movimiento. No hay sede central, no hay presidente vitalicio: solo un relevo vertiginoso de minúsculos mandatarios que, por turnos, se proclaman el auténtico yo.

Cada voz interna nace de un módulo específico, un *self-state* dedicado a una respuesta psicocorporal muy precisa: mantener el equilibrio hacia la derecha, registrar un olor como placentero o repulsivo, estremecerse ante un cierto timbre, vigilar los pasos que suenan a mi espalda. Esos estados se configuran mientras vivimos; el sistema nervioso —el cerebro, si se prefiere— archiva cada microexperiencia desde el primer instante, incluso antes de nacer. Cada módulo, de los miles de millones que nos habitan, gobierna una sola situación y guarda la reacción que funcionó en el pasado. Si hubo más de una respuesta, conserva en primera línea la que el organismo etiquetó como grata y coloca un cartel de calavera sobre la que resultó dolorosa.

Con sus propias reservas de memoria, resortes e impulsos, cada estado se siente tan nuestro que, cuando asoma, lo reconocemos como la totalidad de lo que somos. Por eso un momento puedo afirmar con alivio: «Qué magnífico es estar sin fumar» —impulsado por el *self-state* que colecciona pulmones limpios, palmadas de aprobación y el regusto de un chicle de menta— y, al rato, exclamar con idéntica convicción: «Qué placer me da fumarme un cigarro», convocado por otro estado que atesora la calidez del humo, la ceremonia del mechero y la risa cómplice en la puerta del bar. Así ocurre en todas las dimensiones de la vida: cada vez que un estado emerge bajo el foco mental, proclama «esto soy yo» con la misma seguridad con que lo hará su opuesto diez minutos después.

Bromberg nos invita a imaginar la mente como un escenario iluminado por un único haz de luz. En el centro, donde convergen los focos, solo cabe un actor: uno de nuestros «estados del yo». Sale a escena y declara, gesticulando: «¡Voy a ir a trabajar todos los días andando!». Apenas termina la frase, cede el lugar a otro intérprete que proclama: «Voy a anotar los sueños cada noche». Y enseguida aparece un tercero, y un cuarto… La sucesión es tan vertiginosa que produce la ilusión de un argumento continuo, de un yo coherente que engloba todos esos parlamentos. Pero, en la penumbra del proscenio, aguarda un enjambre de actores con sus frases y vestuarios listos, deseosos de ocupar el centro aunque sea por unos segundos. Algunos repiten su función con frecuencia; otros jamás pisan las tablas.

Con el tiempo, ciertos estados del yo se vuelven tan habituales que acabamos encariñándonos con ellos. Nos gusta que aparezcan, los provocamos sin darnos cuenta y, cuando tardan en llegar, sentimos algo parecido a la nostalgia: «me echo de menos», decimos, aunque en realidad echamos de menos a un actor concreto. Observamos a los demás y distinguimos enseguida nuestros intérpretes favoritos que nombramos con ligereza como «las preferencias de fulano», «su estilo», «sus manías», «su carácter». Pero Bromberg, con oído clínico, se detiene también en los estados que no asoman nunca, los que se revelan por su ausencia y llevan pegada la palabra «nunca». Hay quien nunca pide ayuda, quien nunca dice que no, quien enferma si debe bailar en público. A lo largo de la terapia, esas zonas vetadas se dibujan con trazos cada vez más nítidos: son parcelas enteras de la experiencia que el sujeto mantiene fuera de escena, como si no existieran, y cuya ausencia termina hablando más alto que cualquier presencia.

Bromberg localiza en la mente auténticos puntos neurálgicos —«zonas psicoemocionales», las llama— donde suenan sirenas en cuanto se aproxima el mínimo recuerdo del peligro. Están ancladas en malestares pasados y reaccionan como sensores ultrasensibles: basta rozarlas para que el cuerpo se acelere, la respiración se vuelva corta, la emoción se tiña de una incomodidad tan viva que obliga a cambiar de registro. Es entonces cuando el sistema selecciona, casi sin margen de conciencia, otro estado-yo más seguro y cambia de tema, de gesto, de rumbo. A esa maniobra de sustitución inmediata Bromberg la llama *disociación,* una ley que el organismo cumple con disciplina férrea: apartarse de cualquier situación que se parezca, siquiera de lejos, a la antigua herida.

Hoy, sabemos que nadie escapa a esa cartografía de cicatrices. Están los grandes traumas, devastadores, que dejan huellas visibles; y los traumas pequeños, cotidianos, casi invisibles, pero incontables: la burla apenas audible de un padre, el desdén de un profesor, una enfermedad imprevista que obligó a callar el miedo. Cada sobresalto, cada vergüenza, marca en rojo un sector del mapa vital. Con el tiempo, las zonas vetadas se multiplican y el territorio existencial se encoge, como una finca cercada en la que año tras año se levanta una valla nueva para no pisar donde una vez dolió.

Bromberg denomina «proceso de disociación» a esa función que, entre todos los yoes disponibles, selecciona unos y descarta otros. No es un mecanismo fijo, sino un flujo psicodinámico y no lineal: conecta y desconecta circuitos cerebrales para ensamblar la configuración que garantice la mayor seguridad afectiva posible. El resultado es un equilibrio precario: lo bastante seguro para no desbordarse y lo bastante arriesgado para mantener la ilusión de continuidad. El sistema, satisfecho, se siente cómodo; el individuo, en cambio, percibe una pérdida sutil, como si le hubieran robado algo. Algo que estaba a punto de suceder —pedir, negar, jugar, competir— se aplaza de nuevo.

Ese estado interno que se niega el paso a sí mismo es lo que Bromberg llama «el durmiente», un estado que, con eficacia silenciosa, reemplaza el fluir espontáneo por pequeñas maniobras que evitan siempre las mismas posiciones y repiten otras tantas de manera mecánica. Con su propio vocabulario se convence de que «se puede soportar», de que «apenas se nota». La disociación, creativa y adaptativa en su origen, acaba por esclavizarse a la estructura. Mantener la continuidad del yo se vuelve la prioridad triunfante, y la vida se reduce a un sistema de alarmas preventivas, como si un monstruo —el trauma, el coco— aguardara siempre a la vuelta de la esquina.

Necesitamos seguridad, sin duda, y disponemos de reflejos eficaces para apartarnos de peligros reales. Pero también necesitamos atravesar, alguna vez, las calles donde se quedaron viejas frustraciones, enamorarnos de nuevo, pelear aun sin garantías de victoria. Una vida hecha solo de precauciones termina por enfermar. Giorgio Nardone, desde otra tradición, llega a la misma alerta: la mente automatiza lo que una vez funcionó y, si insistimos en repetir la vieja receta sin atender al contexto, acabamos atrapados en una solución que ahora es el problema.

Esa trampa condiciona la psicoterapia. Un profesional que solo corrige o, en el extremo opuesto, uno que protege con exceso de «segurizantes» impide al paciente arriesgarse a territorios inéditos. De ahí el principio brombergiano de una terapia «segura, pero no demasiado segura».

El psicólogo transpersonal Charles Tart ya lo intuía en 1975, cuando escribió que una persona «no es una, sino muchas», y que reconocer el estado que toma el mando permite elegir otro más adecuado.

Tart ponía palabras a una evidencia: la identidad no es una roca, sino un flujo de estados que se relevan según el entorno y la historia traumática. Reconocer la entrada de un estado —miedo, rigidez, euforia— es el primer paso para decidir si realmente queremos que ocupe el centro del escenario o preferimos invitar a otro. Esa capacidad de elección, tenue pero decisiva, es la grieta por la que puede colarse el cambio.

Bromberg parte de una constatación engañosamente simple: el yo no es una sola pieza, sino un mosaico de estados de conciencia semiautónomos que conviven dentro de cada persona. En la vida cotidiana esos *self-states* se relevan con cierta fluidez, de modo que la experiencia resulta continua. Cuando interviene el trauma, en cambio, los estados se encapsulan, dejan de comunicarse y la biografía queda surcada por fisuras. No hablamos necesariamente de un trastorno disociativo clínico, sino de una discontinuidad íntima que define el tono emocional de la existencia.

En la consulta, el sueño se revela como escenario privilegiado: allí las partes disociadas pueden hablar sin ser interrumpidas. Más que un mero reflejo del inconsciente reprimido, el sueño es una puesta en escena en la que voces internas que todavía no saben convivir encuentran un lenguaje.

Bromberg no persigue unificar las partes del yo en una síntesis armoniosa; propone, más bien, aprender a habitar los huecos, esos intersticios entre lo ya sabido y lo que aún no puede saberse, entre lo que se muestra y lo que permanece oculto. En ese filo, los sueños sirven de puente para que algo sin nombre cruce al terreno compartido, sin urgencia de sentido y sin la coacción de una interpretación prematura. Basta la presencia de otro que no huya.

Hemos acompañado a Bromberg hasta el borde mismo del sueño, ese lugar donde los estados disociados del yo se atreven a susurrar porque la vigilancia despierta descansa un momento. Ahora toca dar un paso más arriesgado: convertir el susurro en una voz que el cuerpo perciba, que los sentidos reconozcan y que la relación sostenga sin traducirla enseguida a explicaciones. Bromberg describe ese tránsito con la expresión «*standing in the spaces*»: «permanecer en el hueco». El *hueco* es el intervalo que se abre cuando un *self-state* sale del sótano y el que estaba arriba no cede del todo el puesto; durante unos instantes coexisten dos presencias cuyas historias nunca se han mirado a la cara. Permitir que esa doble exposición se prolongue sin que una parte aniquile a la otra es el arte —y también la ética— de su clínica.

INTERLUDIO IX

El peregrino despierta, pero no del todo. Tiene la sensación de que ha soñado con alguien que soñaba. Un sueño dentro del sueño, como una muñeca que se abre y dentro hay otra, y otra más, y en el centro, un rostro que no reconoce. La memoria le devuelve palabras sueltas: «self», «presencia», «sostén». Recuerda una sala —no sabe si de consulta o de hospital— donde alguien susurraba cosas al oído de una figura que lloraba sin hacer ruido.

Camina entre brumas, como si las ideas que lo guiaban antes —el trauma, el cuerpo, la multiplicidad del yo— hubieran dejado de hablar y ahora fueran pura textura, fondo de un nuevo paisaje que apenas comienza a dibujarse.

Avanza con cuidado. Sabe que ya no puede pensar el sueño como lo hacía antes. Que no basta con interpretarlo, ni con traducirlo a símbolos, ni con buscarle un origen. Lo que viene ahora —intuye— no es menos profundo, pero sí más silencioso. Ya no se trata de explorar el inconsciente como si fuera una cueva, sino de sentarse junto al fuego y escuchar lo que el cerebro se dice a sí mismo cuando nadie lo mira.

Hay una pregunta que lo acompaña desde hace horas: ¿de qué está hecho un sueño, si no es solo de sentido? ¿Y si también fuera electricidad, química, ruido de fondo?

Detrás de cada pensamiento, hay neuronas. Y detrás de cada neurona, fuego. El peregrino no sabe qué hacer con esa información. Solo sigue caminando, sintiendo que se aproxima a un lugar nuevo. A una forma distinta de comprender el alma que sueña. A un lenguaje sin intérprete, pero no por ello menos verdadero.

NOVENA JORNADA DEL CAMINO:
PSICOTERAPIA DEL SOÑAR

Construyendo mundos: metáfora y ciencia

La manera en que entendemos los sueños ha cambiado radicalmente a lo largo de los últimos ciento veinticinco años. De ser
considerados mensajes simbólicos del inconsciente, pasaron a
concebirse como fenómenos biológicos complejos y espontáneos.
Pero esta transformación no fue lineal ni definitiva: entre los extremos del mito y la medición, del símbolo y la sinapsis, sigue
habiendo zonas de sombra. En esta sección, exploramos cómo la
psicoterapia —especialmente desde el psicoanálisis y las neuro-
ciencias— ha intentado comprender el soñar: como vía de expresión, como defensa psíquica, como reorganización interna. Lo que
emerge en sueños, lejos de ser un absurdo sin sentido, puede ser
una clave viva para el trabajo terapéutico, siempre que sepamos
escuchar su lenguaje, ambivalente y preciso a la vez.

    En 1917, el neurólogo y psiquiatra Maurice Nicoll escribía en
su *Psicología del sueño*:

El sueño es una experiencia tan común que no sorprende que el espíritu analítico de nuestra época pretenda comprenderlo. […] Hoy en día, el estudio puramente anatómico va perdiendo perspectiva; desde lo anatómico, pasando por lo fisiológico, el impulso de investigación ha regresado a lo psicológico.

Nicoll señalaba así una trayectoria que la historia de la ciencia ha seguido con frecuencia: un fenómeno vital —en este caso, el soñar— comienza por abordarse desde el misterio, luego es colonizado por el lenguaje científico y finalmente reclama una mirada integradora. En el caso de los sueños, figuras como Hughlings Jackson, ya en 1890, apuntaban que su estudio sería clave para comprender muchas cuestiones psiquiátricas. Otros pioneros como John Abercrombie, W. B. Carpenter o Frances Power Cobbe también intuyeron que la lógica onírica revelaba una función más profunda de la mente, relacionada con la construcción de mitos, la vida simbólica y el pensamiento inconsciente.

Sin embargo, esta sensibilidad pronto fue eclipsada por el auge de la localización cerebral, y el paradigma dominante se tornó anatómico. Durante buena parte del siglo xx, la atención quedó absorbida por las estructuras físicas del cerebro, relegando a un segundo plano el sentido vivencial y subjetivo del soñar.

Uno de los intentos más audaces de tender un puente entre la fisiología y la vida psíquica fue el del joven Sigmund Freud. En su inacabado *Proyecto de una psicología para neurólogos*, Freud propuso una visión radicalmente biológica del aparato psíquico. Imaginó los deseos, impulsos y sueños como procesos eléctricos ubicados en el cerebro, generados por estímulos sensoriales que, al no poder descargarse, se acumulaban como energía latente.

Freud dice:

Todo aumento de excitación tiende a ser eliminado, o al menos reducido a un nivel constante compatible con la vida. El aparato psíquico, como todo organismo vivo, busca mantener una cantidad mínima de excitación interna. Esta regulación puede lograrse descargando la energía ya existente, evitando nuevas sobrecargas, o bien desplegando defensas psíquicas que mantengan la tensión en niveles tolerables.

Con esta hipótesis, Freud anticipaba el Principio de Constancia: una tendencia del aparato mental a la autorregulación energética, base de muchas formulaciones posteriores en psicología dinámica.

Este desplazamiento —de lo fisiológico a lo simbólico, de lo neurológico a lo psíquico— no fue lineal ni definitivo. Pero marcó el inicio de un modo de pensar que hoy se recupera con renovado interés: comprender los sueños no como residuos sin sentido, sino como construcciones activas, cargadas de intención adaptativa, emocional y narrativa. ¿Qué mundos estamos creando —o revelando— cuando soñamos?

Este impulso por comprender el psiquismo como un sistema dinámico llevó a Freud a postular una arquitectura interna que sigue marcando la psicología contemporánea. Allí, donde se manifestaban estos procesos, identificó un núcleo profundo e inexplorado —al que denominó *inconsciente*—, un vórtice de impulsos y deseos reprimidos. Estos no afloraban libremente porque una segunda instancia, el *superyó*, actuaba como censor interno, inhibiendo su paso al acto. En medio de ambas fuerzas se encontraba el *yo*, obligado a sostener un precario equilibrio. Si este equilibrio se rompiera —si el yo se viera forzado a reconocer ciertos deseos que el superyó condenaba—, el sistema colapsaría. A esa operación de silenciamiento interior la llamó *represión*, y a sus múltiples manifestaciones sintomáticas, *desplazamiento, somatización*, o más genéricamente, *defensa*.

Freud intuyó que esta dinámica no solo explicaba el síntoma, sino también el sueño. Supuso que, al dormir, el estado de relajación de la conciencia disminuye la eficacia de estas defensas psíquicas, y permite que impulsos normalmente reprimidos busquen alguna forma de expresión. Sin embargo, para evitar el colapso del yo, estos deseos emergen disfrazados, fragmentados o desplazados en escenas absurdas o simbólicas. Así, las extravagancias del mundo onírico no serían absurdos sin sentido, sino máscaras necesarias para que el contenido latente no despierte alarma en el soñador. ¿Y si esas imágenes extrañas no fueran otra cosa que la forma en que nuestro interior se protege mientras intenta decirnos algo esencial?

En un texto apócrifo atribuido al Dr. Freud, J. Allan Hobson —autor del brillante *Los 13 sueños que Freud nunca tuvo*— se presenta como heredero y a la vez crítico del padre del psicoanálisis. Investigador destacado del último cuarto del siglo xx, Hobson retomó la senda abierta por Freud para recorrerla en dirección opuesta: terminó invirtiendo por completo los principios y las conclusiones que el psicoanalista vienés había intentado establecer.[1]

---

1. Nota del autor: Este texto comienza, de hecho, con una reconstrucción imaginaria del pensamiento de Freud. Aunque se presenta con la voz del propio Freud, no es un fragmento auténtico, sino una simulación escrita por J. Allan Hobson en *Los 13 sueños que Freud nunca tuvo* (1999), donde adopta el tono y el marco conceptual freudiano para introducir sus propias objeciones. Esta aclaración es fundamental para evitar confusiones: lo que sigue a continuación no es un texto original de Freud, sino una recreación crítica escrita décadas después.

Nacido en 1933, Hobson tenía apenas veinte años cuando se enteró de los experimentos pioneros de Eugene Aserinsky, Nathaniel Kleitman y William Dement, quienes identificaron por primera vez los movimientos oculares rápidos (REM) durante el sueño. Fue entonces cuando su curiosidad, irreprimible y aguda, se encendió. Hobson era de ese tipo de personas que, tras bucear en la costa, no puede dejar de imaginar fórmulas para describir las curvas que forman los cardúmenes. Así, se adentró en un laboratorio —acompañado de un gato, como todo buen neurólogo experimental de la época— para investigar si determinados grupos neuronales estaban implicados en esos movimientos oculares enigmáticos.

Además de ser un científico riguroso, Hobson fue también un excelente divulgador y un narrador formidable. En *El cerebro soñador*, recorre la historia de la investigación sobre el sueño desde el siglo XIX hasta el presente. En *Los 13 sueños que Freud nunca tuvo*, comienza de forma audaz: cede la palabra, imaginariamente, al propio Freud, permitiéndole resumir en primera persona el estado de la cuestión en su época. A partir de ahí, Hobson analiza y refuta, capítulo tras capítulo, los supuestos fundamentales del psicoanálisis.

El camino no fue fácil. Durante décadas, la doctrina freudiana fue asumida como verdad casi revelada, y sus teorías se institucionalizaron en la enseñanza y la práctica clínica. Pero Hobson —y otros investigadores con él— empezaron a descubrir algo radicalmente distinto. Como él mismo explica:

En el laboratorio, desde mediados de los sesenta, no buscábamos la actividad refleja ni la energía estática atrapada en el sistema, como proponía Freud. Nos interesaba más bien la posibilidad de una actividad espontánea generada por las propias células. En ello trabajamos durante quince años. Cuando emergimos a la superficie en 1977, nos encontramos con que había ocurrido un cambio de paradigma. Todavía no lo comprendíamos del todo, pero nos emocionaba profundamente.

Esta transición marcó una inflexión en el estudio de la mente. ¿Y si los sueños no fueran la expresión cifrada de deseos reprimidos, sino una función cerebral espontánea con lógica propia? ¿Y si el inconsciente, tal como lo pensaba Freud, no fuera un depósito de impulsos reprimidos, sino una construcción narrativa a partir de procesos neuronales activos y creativos?

El equipo de investigación se propuso indagar el origen de los movimientos oculares que todos producimos mientras dormimos, aparentemente incongruentes en medio de un estado de relajación muscular general. Fue así como descubrieron que la idea ampliamente aceptada, según la cual el cerebro, al iniciar el sueño, reducía su actividad en sintonía con el descanso corporal, no se correspondía con los datos observados. Por el contrario, ciertas regiones muy localizadas del encéfalo mostraban, durante las fases de sueño REM, una activación hasta cuatrocientas veces superior a la registrada en estados de vigilia.

El sueño, lejos de ser un descanso del cerebro, se revelaba como un escenario de intensa actividad neurofisiológica. Sabemos que nuestros cerebros constan de neuronas, elementos individuales capaces, cada uno de ellos, de generar su propia energía, su propia información. La vida celular son intercambios químicos y eléctricos. Cada neurona individual se comunica continuamente, por lo que se sabe, con otras diez mil neuronas vecinas; un cerebro está formado por entre veinte mil y cincuenta mil millones de neuronas y sus mutuas interrelaciones. Doscientas veces por segundo, día y noche, cada célula «habla» con cada una de esas diez mil de su núcleo cercano, y cada una de estas, a su vez, con otras tantas. Hobson dice: «*La conciencia es el conocimiento subjetivo y continuo de la actividad de todos esos procesos cerebrales*».

Este sistema se adapta constantemente a los datos que recibe a través de las vías nerviosas procedentes de los sentidos. Sin embargo —y esto es fundamental, aunque no resulte evidente a primera vista— su actividad principal no es reactiva, sino espontánea. Es el propio cerebro, como generador electroquímico en acción, quien produce esta actividad desde dentro. Durante el sueño, de hecho, lo que ocurre literalmente es que el sistema se habla a sí mismo: se reconfigura, se reorganiza, se ensaya. No responde al mundo externo, sino que despliega su lenguaje interno, sin testigos ni interlocutores.

Los estudios neurofisiológicos de J. Allan Hobson, Robert McCarley y muchos otros han demostrado la existencia de un generador del estado de sueño que estimula de forma reiterada la corteza cerebral durante la fase REM, visible externamente a través de los rápidos movimientos oculares. Este generador se localiza en el tronco cerebral —concretamente en las denominadas *células pontinas gigantes* de la formación reticular— y emite señales hacia los centros cerebrales superiores, responsables de funciones como la visión, el equilibrio, el movimiento, la audición y las emociones. Según esta teoría, la experiencia del soñar no es más que el resultado de esta intensa actividad cerebral interna. La mente, al recibir estas señales caóticas y sin origen externo, intenta darles forma, construir una narrativa coherente con ellas, del mismo modo en que lo hace durante la vigilia al interpretar los estímulos del entorno.

A este planteamiento se lo conoce como el *modelo de activación/síntesis*. Según esta teoría, el proceso de soñar comienza con una serie de eventos fisiológicos específicos:

1. Se interrumpe la entrada de estímulos sensoriales del exterior y se bloquea la emisión de órdenes motoras hacia la médula espinal, lo cual desactiva las neuronas piramidales responsables del movimiento voluntario. Esto genera una notable disminución del tono muscular.
2. Simultáneamente, ciertas regiones del tronco encefálico —en particular, el puente o protuberancia—, se activan de forma espontánea y desencadenan una cascada de señales hacia diversas áreas del cerebro.
3. Al mismo tiempo, se produce una desactivación de zonas frontales de la corteza cerebral asociadas con el pensamiento lógico y la reflexión consciente.

En este contexto, Hobson encontró que el soñar es el resultado del esfuerzo del cerebro anterior por sintetizar y dar coherencia a las corrientes de activación generadas en el tallo pontino. Estas señales no provienen del entorno, sino de una activación interna, impulsada por intercambios químicos entre sistemas colinérgicos —basados en acetilcolina— y sistemas aminérgicos, como la norepinefrina y la serotonina. El sueño, por tanto, se configura como un fenómeno emergente de una intensa actividad electroquímica interna que el cerebro interpreta creativamente como experiencia onírica.

Cíclicamente, cada noventa minutos, una de estas dos localizaciones cerebrales se impone sobre la otra y desencadena lo que se conoce como estado REM (*Rapid Eye Movement*), caracterizado por una activación espontánea y desorganizada de zonas oculares y motrices del cerebro. La corteza cerebral —que no posee un mecanismo específico para distinguir entre vigilia y sueño— interpreta estos impulsos como si provinieran del entorno externo. En respuesta, genera una serie de imágenes que, según Hobson, suelen ser enigmáticas y carentes de sentido. Esta es la fase en la que, si se despierta al durmiente, suele relatar sueños especialmente complejos, desconcertantes o incoherentes.

Cada ciclo completo de sueño tiene una duración aproximada de 90 minutos, y se repite unas cinco veces por noche, lo que implica que todas las personas sueñan entre cuatro y cinco veces durante un periodo normal de descanso nocturno.

Las observaciones sistemáticas del sueño han permitido identificar dos grandes fases: el sueño lento o NO REM y el sueño rápido o REM. La fase NO REM se subdivide en cuatro etapas progresivas, cada una más alejada del estado de vigilia, en las que se reduce la capacidad de respuesta a estímulos auditivos y táctiles, y disminuye gradualmente el tono muscular. La cuarta etapa —la de mayor profundidad— es fundamental para la recuperación física y psíquica del organismo. En esta fase también pueden aparecer fenómenos como el sonambulismo o los terrores nocturnos.

Posteriormente, el durmiente entra en la fase REM, también llamada «sueño paradójico» debido al contraste entre la atonía muscular típica del sueño profundo y la intensa activación del sistema nervioso central, similar a la de la vigilia. Es entonces cuando emergen los sueños narrativos, estructurados como una secuencia de acontecimientos, aunque su lógica interna pueda parecer absurda. La actividad eléctrica cerebral alcanza su punto más alto, mientras que el tono muscular es nulo, lo que impide que la persona reproduzca físicamente lo que sueña y, de ese modo, se protege a sí misma de posibles autolesiones.

Las alteraciones más frecuentes de esta fase son las pesadillas, entendidas como episodios de despertar súbito desde el sueño profundo, muchas veces sin narración articulada, pero con un alto contenido sensorial. En estos sueños, lo vivido se siente más real e intenso que cualquier hilo argumental. Algunos investigadores han llegado a clasificar las pesadillas en tipologías recurrentes: sueños de opresión en el pecho, de persecución, de asfixia bajo el agua o de imposibilidad de alcanzar algo vital. Cada uno de ellos revela, quizás, una manera específica que tiene la psique de procesar tensiones o conflictos latentes.

Y aquí me detendré, pues, como ya podéis ver, los detalles de esta historia son complejos. A partir de este punto, quien desee profundizar puede consultar cientos de fuentes donde todo está explicado —o enredado— con mayor o menor precisión. No voy a intentar resumir algo que aún estoy lejos de comprender con la claridad que merecería.

Porque, seamos honestos: ¿de qué membrana estamos hablando? ¿La famosa bicapa de fosfolípidos? ¿Y cuántas bicapas hidrofóbicas conoces, además de esa? Y, antes de que empieces a hablar como si lo supieras todo, dime: ¿sabes cómo se lee esa fórmula de la ecuación de Goldman-Hodgkin-Katz?

$$E_{m,K_1Na_{1-1}Cl} = \frac{RT}{F} \ln \left(\frac{P_{Na^+}[Na^+]_{\text{out}} + P_{K^+}[K^+]_{\text{out}} + P_{Cl^-}[Cl^-]_{\text{in}}}{P_{Na^+}[Na^+]_{\text{in}} + P_{K^+}[K^+]_{\text{in}} + P_{Cl^-}[Cl^-]_{\text{out}}} \right)$$

A ver: E es igual a R por T dividido por F, multiplicado por el logaritmo de la concentración de sodio afuera y adentro de la célula…

En fin. Hasta aquí llego yo y que lo siga quien tenga ganas. Por ahora, paso el balón.

Lo importante, a fin de cuentas, no es dominar los tecnicismos, sino preguntarse qué nos están diciendo sobre nuestra naturaleza esas corrientes, esas sinapsis, ese fuego eléctrico que se reconfigura cada noche para ofrecernos un teatro de imágenes y emociones que, por un instante, creemos reales.

Allan Hobson lo describió con precisión:

> La actividad mental que ocurre en el sueño se caracteriza por una imaginación sensomotora vivida que se experimenta como si fuera la realidad despierta, a pesar de características cognitivas como las imposibilidades del tiempo, el lugar, las personas y las acciones. Ciertas emociones, especialmente el miedo, el regocijo y la ira, predominan sobre la tristeza, la vergüenza y la culpabilidad y a veces alcanzan una fuerza suficiente como para despertar al durmiente; la memoria, incluso de los episodios muy vívidos, es tenue y tiende a desvanecerse rápidamente después de despertarse, a no ser que se tomen medidas especiales para retenerlo.

¿En qué modificará los trabajos psicoterapéuticos con los sueños esta nueva manera de entenderlos? Es algo que está por verse...

Desde luego, ya ha sido usada por enemigos mortales del psicoanálisis —y de toda su progenie— como prueba irrefutable de que Freud no era más que un charlatán ilustrado, y sus escritos una colección no de errores, sino directamente de embustes. Copio, sin ánimo de escándalo, uno de los nada elogiosos textos que le dedicaron, para mostrar de qué va el debate y con qué tono se presenta:

> Una de las muchas estupideces que dijo Freud en sus días era la absurda idea de que los sueños no eran una serie de experiencias sin

sentido, sino la vía para acceder al inconsciente (la parte más recóndita de la mente humana), siendo desencadenados por deseos reprimidos no aceptados. Según el cuentacuentos de Freud, si conseguíamos descifrar un sueño y averiguar su significado oculto habríamos recuperado una parte del material reprimido que nos hace neuróticos, posibilitando así una cura. Como el resto de las ideas grandiosas de Freud, esta no se sustentaba en ningún tipo de evidencia o experimentación... Hoy en día se puede demostrar que la interpretación de los sueños es una absoluta chorrada monumental. Las teorías actuales sostienen que los sueños no tienen nada que ver con represiones ni inconscientes, sino que tendrían algún tipo de función especial en el aprendizaje y la memoria, serían algún tipo de asociaciones de recuerdos que se producen...

Etcétera, etcétera...

Al ser Freud una figura en torno a la cual se desataron polémicas que abarcaron desde la condición de la mujer hasta la religión misma, no sorprende la virulencia de ciertos zambombazos. Tampoco extraña que muchas de estas descalificaciones se vistan, como corresponde a la época, con el ropaje de lo «científico», una etiqueta que sirve para marcar territorio, legitimar ideas propias y desprestigiar las ajenas. Es un viejo juego retórico: unos se parapetan tras estadísticas y resonancias magnéticas; otros, tras metáforas y mitologías interiores. Y como en todo conflicto de larga duración, ha habido fuego cruzado. Algunos psicoanalistas también han blandido su saber como si fuera un dogma, despreciando avances empíricos sin siquiera mirarlos de frente.

Pero, al final, la mayoría de estos rifirrafes quedan en eso: ruidos de superficie. Intercambios donde el fragor de la disputa importa más que el aprendizaje que podría surgir del cruce. Y como suele ocurrir, el eco se apaga antes de que haya algo que valga la pena guardar.

Es cierto que se ha abierto un vasto territorio en el que casi todo está aún por describir y por descubrir. Hoy parece haber explicaciones para todo: la sectorización de ciertos tipos de sueños, la frecuencia con que se sueña con volar, las incongruencias motrices, el predominio —según algunos estudios— de emociones negativas, la repetición de ciertas imágenes. Todo eso está siendo clasificado, cuantificado e inventariado y es posible que, con el tiempo, de ese estudio riguroso y desapasionado surjan conocimientos que contradigan muchas de las ideas que hoy consideramos evidentes, casi de sentido común. Por ahora, sin embargo, las aguas bajan revueltas.

Por ejemplo, Crick y Mitchison propusieron que recordar los propios sueños podría ser contraproducente, ya que al hacerlo se reforzarían conexiones neuronales que, en realidad, deberían debilitarse o borrarse. En su modelo, soñar cumple precisamente la función de limpiar el sistema nervioso de residuos cognitivos innecesarios: «soñamos para olvidar», sentencian. Christopher Evans, psicólogo y especialista en informática, ofreció otra analogía: los sueños serían un proceso equivalente al chequeo interno de un ordenador, en el que el cerebro evalúa sus propios programas e integra las vivencias recientes con la memoria almacenada. Según él, el contenido onírico no tiene un significado oculto, sino que consiste en fragmentos del día que se conectan automáticamente con registros previos. Tore Nielsen, por su parte, sugiere que los afectos del día anterior pueden colorear los sueños de la misma noche, pero que la máxima incorporación de recuerdos específicos suele producirse seis días después de los hechos que los originaron.

Y, ¿qué dice el poeta de todo esto?

Dice que bueno es saber que el agua sirve para beber. ¡Lo malo es que no sabemos para qué sirve la sed!

INTERLUDIO X

Esa noche, el peregrino duerme con un cuaderno entre las manos. Lo abre mientras sueña. Escribe algo, lo borra. Es un sueño lúcido —uno de esos en los que sabe que sueña, pero no por eso puede escapar. Las páginas están llenas de grafías incomprensibles, líneas que parecen fórmulas, pero también dibujos de rostros que se disuelven.

La multiplicidad de sus yoes ya no le acompaña. Hay un silencio nuevo, más denso que el de la interpretación. Es un silencio de laboratorio.

Camina entre estructuras traslúcidas. Paredes que respiran. A su alrededor, ve mapas del cerebro flotando en el aire, como constelaciones. Ve sin ver: cada punto se activa, parpadea, gira sobre sí mismo. Cree reconocer algo que leyó: el tronco encefálico, el puente, las células gigantes. Sueña con un generador de señales que no cesa.

Al fondo, una luz se repite cada noventa segundos. En cada ciclo, el mundo cambia.

«¿Es esto el inconsciente?», se pregunta. Pero enseguida la duda se le disuelve. Ya no hay inconsciente como lo pensaba. No hay cofres, no hay trampas ni guardianes. Solo un sistema que se activa, se estimula, se reconfigura. Y él, atrapado en esa sinfonía sin testigos.

Abre una puerta. Dentro, hay una sola pregunta escrita en el aire, sin metáforas ni símbolos: ¿dónde se almacenan los sueños?

Y el peregrino, esta vez, no sabe si está en el mundo o dentro de su propio encéfalo.

DÉCIMA JORNADA DEL CAMINO: ¿DÓNDE SE ALMACENAN LOS SUEÑOS?

Memorias de los sueños

Comienzo este capítulo con un sueño que me contó hace ya más de veinte años una paciente que se llamaba Raquel:

> Muchos de mis sueños ocurren en un mismo lugar: un valle pequeño entre montes cubiertos de árboles —pinos y otros—, con un lago en el centro. En una de sus orillas hay un embarcadero y un edificio que parece un templete japonés, como los de las películas. Siempre es de día, pero las montañas tapan el sol. Hay claridad, aunque sin sol directo. Y nunca hay más gente que quienes formamos parte del sueño. Conozco ese sitio desde hace mucho… y, sin embargo, no recuerdo haber estado allí nunca despierta; solo lo he visto en sueños.
>
> La otra noche, soñé que entraba en ese paisaje. Pero esta vez, el agua del lago empezó a retirarse ante mis ojos, y al desaparecer, dejó al descubierto algo que reconocí de inmediato: el charco del prado de los burros, justo detrás de mi casa de infancia.

Y no solo eso. El templete y el embarcadero se encogieron mientras los miraba, y detrás surgían las vías del tren de la franco-española, y el camino que llevaba hasta allí. Las montañas se deshincharon como si fueran globos y se convirtieron en senderos conocidos. Todo se iba replegando, encogiendo, como si se quitara un disfraz. Hasta diez veces pasó: allí donde ponía la mirada, el paisaje onírico se disolvía y dejaba ver la verdad que había debajo. En el centro de todo, como en el corazón de un cuadrado invisible, estaba la casa de mi niñez.

Sentía una calma inmensa, una alegría serena al comprender. Todo era nítido, claro, exacto. Estaban los sonidos, los olores, las casas… tal como eran entonces.

Días después, volví a soñar con ese lugar. Pero todo había regresado a su forma habitual: el lago otra vez cubría el prado, las montañas se alzaban donde antes había senderos. La casa, los caminos, todo lo real había desaparecido. El sueño volvía a ser como siempre. Por eso lo titulé *Todo estaba allí*.

En su *Introducción a los principios del tantra*, publicado en 1840, el pandit Siva Chandra Vidyárnava Bhattacharya escribe:

El ego del individuo es cuádruple, y por ello recibe cuatro nombres: *Manas*, cuya función es la duda; *Buddhi*, cuya función es el discernimiento; *Ahankara*, cuya función es el egoísmo; y *Citta*, cuya función es la rememoración.

Vayamos con la función de *Citta*. ¿Qué puede recordar *Citta*? Nada que no haya sido antes registrado por los sentidos y percibido por la mente. Sin percepción previa, no hay posibilidad de rememoración.

Se suele objetar esto: muchos aseguran haber visto en sueños lugares celestiales, paraísos, templos e incluso divinidades que jamás conocieron estando despiertos. ¿Cómo pueden reflejarse en la mente cosas que el ojo físico nunca ha contemplado? Pero esta objeción carece de peso. Todo lo que se percibe en sueños pertenece al dominio de la mente. Lo que la mente alguna vez vio, escuchó o incluso imaginó, queda impreso en ella como una marca en piedra. Son esos rastros, esas huellas, los materiales con los que el sueño construye sus paisajes y sus narraciones.

Durante el sueño, los sentidos permanecen inactivos: solo la mente queda despierta. Es ella quien crea el cielo soñado. Sin la ayuda del ojo o del oído, juega con imágenes como si los sentidos las hubiesen captado, pero con una particularidad: al entrelazar elementos previamente percibidos, les da una forma nueva, distinta de la original. Así, es cierto que vemos en sueños un paraíso. Pero si jamás hubiésemos oído hablar de él, si su belleza no se hubiese grabado en nuestra mente, entonces ni siquiera tendríamos la idea de cielo, y sin semejante idea, no podríamos soñarlo.

Los palacios y los templos que vemos en sueños, no son más que reflejos, adornados por la mente a partir de formas que alguna vez percibimos. Si soñamos con una ciudad resplandeciente es porque la mente ha unido, con su arte sutil, un brillo recogido aquí y una ciudad recordada allá. Y siempre han existido los bosques densos, llenos de animales de presa; por eso, si hoy la mente nos sitúa en uno de esos bosques, frente a un tigre, no se trata de una invención nueva, sino de una maniobra secreta, de la lógica escondida del drama onírico. Es, simplemente, el modo en que sueña la mente.

«Por varias razones, en el sueño desaparecen las impresiones recientes y quedan al descubierto las marcas más antiguas», decía el Pandit. Algo similar expresaba Thomas de Quincey, el hombre que soñó libros, opio y pérdida: su hermana Ann, desaparecida en la infancia, volvió a él en sueños diecisiete años después, con el rostro de una mujer adulta pero la misma expresión dulce que él recordaba. Entonces comprendió que la mente que recuerda es como un libro de muchas páginas, numerosas, aunque no infinitas. Para que toda una vida quepa en él, la memoria va borrando líneas, episodios, párrafos, y sobre ellos va escribiendo otros nuevos.

Así, se forma un palimpsesto. Pero, en ciertas noches, como le sucedió a de Quincey, la memoria —invencible, terca, inagotable—, hace traslúcidos los escritos más recientes, y bajo ellos reaparecen las historias antiguas. Todas. Íntegras. Como si nunca se hubieran ido.

En 1887, el marqués Léon d'Hervey de Saint-Denys, apasionado de la fotografía y autor de la extraordinaria *Los sueños y los modos de dirigirlos*, lo explicaba a su manera. Decía que las visiones que tenemos en los sueños pueden definirse como la representación en «el ojo de nuestra mente» de objetos que ocupan nuestros pensamientos. Para cada individuo, explica, existen en sí mismo inmensos armarios donde se acumula todo lo que *impresiona* diariamente, momento a momento, nuestras memorias. Así que cualquiera de nosotros tenemos infinitos recuerdos, tantos como fotogramas hay en la Filmoteca Nacional. Tenemos guardados en esos armarios imágenes que ni nos acordamos de haber visto o escuchado, que no reconocemos, pero que aun así siguen grabadas. Nada se pierde: Cuando escuchamos a una abuela con Alzheimer decir «mamá vendrá a casa a las cinco y se sentará ahí», mientras señala el vacío, tenemos una prueba más de que hay recuerdos almacenados que pueden regresar incluso ochenta años después de haber ocurrido.

Y en un párrafo, Saint-Denys dice textualmente: «Una cosa es recordar; otra, saber que se recuerda; y otra muy distinta, saber qué se recuerda».

¿Hasta qué punto, entonces, somos conscientes de lo que guardamos en esos armarios invisibles?

Yo me los imagino como los depósitos de la última escena de *Indiana Jones y el Arca Perdida*, donde todas las historias de la historia reposan archivadas, esperando. Ismaíl Kadaré, en su visita a *El Palacio de los Sueños*, relata que un empleado lo guiaba por esas salas mientras le explicaba: «Aquí, los sueños sobre el fin del mundo, tenidos en inviernos muy ventosos; aquí, los sueños vistos en vísperas de grandes matanzas en el hemisferio sur, más allá, los proyectos de vida de origen femenino, los sueños de resurrección de los muertos, de origen masculino, sueños de risas sin saber quién se ríe y sueños de dientes que se caen…».

Imagino un mostrador con un funcionario que recoge los pedidos de contenido de quienes van a soñar y los transmite a los almaceneros: alguien pide un perro, y allá va un perro; alguien pide una cuesta: tome, una cuesta, una entre centenares de cuestas. No parece regir, por lo que se ve, una absoluta fidelidad formal entre lo que se solicita y lo que finalmente se recoge: a veces no manda con la precisión lógica matemática de nuestro cerebro izquierdo, sino con la inesperada naturalidad de las asociaciones y el arte en los vestuarios y paisajes del cerebro derecho. Así, el perro que pedí aparece como una jauría, o como un monstruo perruno huyendo del ruido de unos cohetes.

Veamos un caso «real»: él sentía atracción, devoción, y un enamoramiento limpio y absoluto por Elena. A la hora de montar el escenario para el sueño de esa noche, donde quedara reflejada su pasión, fue —como encargado de la puesta en escena— al mostrador del almacén y encargó: «Quiero para mi sueño un 'ena-morado de Elena'». Y dejó sobre el mostrador ese algo que no sabemos cómo funciona, que sería algo así como la huella dactilar emocional de lo que repica en su corazón. El jefe de pedidos tomó nota: «¡Marchando una de 'enamorado/Elena'!», y los almaceneros neuronales, que habrían de acudir a las baldas adecuadas para traer «Elena» y «amor», entendieron «el Etna». Muy atentos, enviaron al soñador las imágenes del volcán siciliano —u otro semejante que albergara su memoria—, y este, al día siguiente, le comentaba extrañado a su terapeuta que, en su sueño, se veía frente a una montaña en erupción. Una montaña de la que se sentía felizmente enamorado.

Otro ejemplo: quien lo soñó se veía paseando en compañía de otras dos personas, empujando un carrito con una bebé de un año y medio. Era domingo, la plaza estaba llena de gente saliendo de misa, había un ambiente cordial, pero algo faltaba. Una urgencia difusa: había que hacer algo con la niña, y hacerlo pronto. Divisaron una farmacia y se dirigieron hacia allí. Le mostraron la niña a la farmacéutica. La bebé tenía un aspecto excelente, no se quejaba de nada, pero algo —por lo visto— le faltaba. La farmacéutica la exploró, hizo gestos de aprobación y dijo: «Todo bien. Hay que pesarla. Pero me falta el peso». «Pues habrá que pesarla», respondió la protagonista, y sus dos acompañantes asintieron. Era domingo, ¿dónde encontrar otra farmacia abierta? ¿Habría por allí una balanza? Y en ese punto se acaba el sueño.

La escena, en un primer momento, se le hace incongruente. Si la criatura está bien —rosada, tranquila, sin fiebre ni llanto—, ¿qué sentido tiene llevarla a una farmacia? ¿Por qué esa urgencia contenida, esa necesidad de hacer *algo* cuanto antes, cuando aparentemente no hay nada que atender? Le da varias vueltas al sueño, intentando descifrar el porqué de esa tensión que no termina de explicarse con la lógica.

En el taller deciden abordarlo al estilo Gestalt —una técnica que explicaré más adelante—, poniéndose en la piel de cada figura del sueño: los acompañantes, la farmacéutica, incluso el propio bebé. Uno a uno van encarnando los roles, dando voz a lo que en la escena parecía mudo o simplemente obvio. Y poco a poco, como si una bruma se fuera disipando, el contexto que rodea al sueño comienza a perfilarse con nitidez: estamos en un taller de formación, y la tarde anterior se había trabajado el tema de las maneras —a veces sutiles, otras brutales— en que las amistades nos cuidan... o nos hieren. Surgieron recuerdos, viejas heridas que hasta entonces dormían agazapadas, pero que ahora empezaban a asomar con hambre de ser reconocidas, de ser sanadas.

Cuando ella se pone en el lugar de la bebé, algo cambia en la sala. El aire se hace más cálido, más denso. Ya no es una mujer adulta soñando con una niña: es esa niña, sentada en su carrito, en medio de una plaza abarrotada, siendo llevada a una farmacia sin saber muy bien por qué. Me permito entonces intervenir, dirigiéndome directamente a esa figura infantil que encarna:

—¿Cómo te sientes?

—Muy bien —responde, con esa mezcla de inocencia y firmeza que solo puede tener una verdad interior.

—¿Necesitas ayuda médica?

—Me parece que no.

—¿Te importa que te vayan a pesar?

—No... ni me va ni me viene.

Hago una pausa. Hay algo tierno y abierto en su gesto, algo que pide sin pedir, algo que espera sin esperar. Entonces arriesgo una última pregunta:

—Oye, ¿tú qué crees que te está haciendo falta un peso… o un beso?

Y, entonces, sucede algo que las palabras apenas alcanzan a recoger. La niña, la soñadora, y todos los que la rodean estallan en una carcajada luminosa.

Repite, entre risas:

—¡Un beso! ¡Un beso! ¡Eso es lo que quiero! ¡Un beso!

Como si, de pronto, todo el sentido del sueño se hubiera revelado en esa sola palabra que no había aparecido antes. Un beso que llevaba demasiado tiempo fuera de escena, apartado por el miedo, la desconfianza o la costumbre de resistir sin pedir nada. Un beso que, en el fondo, era la clave de la escena, el gesto que el alma estaba esperando.

Y entonces hubo besos. Besos que ella dio. Besos que recibió. Besos entre compañeros que se habían animado a ver la ternura donde antes solo había urgencia, a leer el cuidado donde antes solo veían síntomas. El grupo se convirtió, por un instante, en un refugio. Y el sueño —como suele hacer cuando se lo honra con presencia y escucha— entregó su mejor zumo: no una respuesta conceptual ni una explicación teórica, sino una vivencia. Un instante de verdad compartida. Un reencuentro con el deseo más simple y olvidado.

INTERLUDIO XI:
EL PEREGRINO Y EL HUECO

El peregrino había escuchado hablar del hueco. No era una ausencia. Era un espacio donde dos partes de uno mismo podían, al fin, mirarse. Llegar ahí exigía detenerse, dejar de explicar, dejar de entender. Solo estar. Y, sobre todo, estar acompañado.

Por eso se quedó quieto cuando la mujer del sueño —esa que había buscado una balanza y había recibido un beso— empezó a reír. No rio él, pero algo en su pecho se aflojó. Entendió que esa risa era compartida. Que había atravesado algo. Que un gesto tan simple podía devolver el calor a una zona que había estado fría demasiado tiempo.

El peregrino no usaba términos técnicos. Pero había visto cómo el sueño abría una rendija, y cómo al contarlo, al ponerlo en manos de otro, algo se reordenaba. La memoria dejaba de ser un peso solitario y se convertía en una cuerda tendida entre dos.

Había llegado la hora de hablar de eso: de lo que ocurre cuando un sueño se entrega. Como semilla. Como vínculo. Como un primer hilo para tejer sentido juntos.

DECIMOPRIMERA JORNADA DEL CAMINO: CONTAR LOS SUEÑOS

Hay muchas cosas que a la luz de la razón nos parecen sinsentidos, pero nos conciernen poderosamente. Nos pasa como con los cuentos de hadas, ¿por qué debería interesarnos la historia de una rana que se convierte en príncipe? Pero... A alguien le ha conmovido un sueño que ha tenido. Lo reconstruye, lo retiene... Siente un impulso, tan grande que lo lleva a contárselo a sus amigos, aunque sabe perfectamente bien que a ellos no les interesará ni lo más mínimo, y que tal sueño representa probablemente algo carente de sentido, pero... Soñó que su casa era pasto de las llamas; o que había falsificado un cheque, o pintado el mejor cuadro del mundo. O ¿tal vez soñó que se había convertido en una rana?

MAURICE NICOLL, *Psicología del sueño*

Antes de que un sueño pueda existir para otro que no sea quien lo soñó, necesita transformarse en relato, en palabra dirigida y recibida. Solo al contarlo atraviesa el umbral de lo íntimo y toma forma en el mundo compartido.

A este respecto sabemos que los contamos a los demás y que escuchamos otros que los demás nos quieren contar: y esa es, desde luego, la madre del cordero. Compartirlos es la forma —la única forma—, por la que se conocen, se recuerdan y se transmiten. Como los pensamientos y las imágenes mentales, suceden en espacios inaccesibles y no dejan de sí huellas materialmente visibles, así que solo sabemos que los demás sueñan porque nos lo dicen y los demás solo saben de nuestros sueños lo que les contamos.

Que alguien escuche un sueño —con atención genuina— no es un gesto trivial. Implica abrir una puerta íntima, invitar al otro a entrar en un territorio donde lo real y lo simbólico se entrelazan, y confiar en que no será juzgado ni descartado. Es un acto de vulnerabilidad y, al mismo tiempo, de afirmación profunda: «esto también soy yo».

Cuando compartimos un sueño con alguien, lo convertimos en testigo de una escena íntima, a menudo desconcertante. Por eso no se lo contamos a cualquiera, sino a quien hemos aprendido a confiar. Al hacerlo, esperamos algo más que escucha pasiva: queremos atención plena, presencia madura, capacidad de resonancia. Si quien escucha es alguien con formación —un terapeuta, un guía, un lector avezado del alma—, entonces esa expectativa se intensifica. No se trata de hablar por hablar. Le hablo con cuidado, conteniéndome si hace falta, pero esforzándome por ser claro, incluso si el relato me avergüenza o me expone. Pido, en ese momento, una forma de escucha limpia y sin juicio. En mis manos, en la voz, en la manera en que miro o bajo los ojos, se adivina la emoción: quizás turbación, quizás asombro, quizás tristeza. Pero el cuerpo entero participa en la entrega del sueño. Porque contar un sueño no es simplemente transmitir una historia: es permitir que algo profundamente mío sea visto.

No contamos todo lo que hemos soñado; hay episodios y vivencias que guardamos en nuestro intocable sagrario interior, y allí dialogamos con ellos y se acabó. Conocemos los sueños que se comparten: los que iré compartiendo aquí han sido contados y están volviendo a contarse; y ¡que siga la costumbre! Por algo escribía en el siglo XII el sabio Ibn Sina: «La interpretación de un sueño es un mensaje directo que uno recibe cuando lo relata».

Al compartir nuestros sueños ocurre algo que favorece vacíos (tal vez fértiles). La alta carga emocional altera el tempo tanto de la paciente como de la terapeuta y, en ocasiones, abre paso a un lugar donde parece reinar el silencio: una expectativa, preludio de un paso que se vive como arriesgado. Mientras tanto, la Escuchadora está atenta tanto a la presencia de su paciente como a lo que sucede en sí misma… sale a veces, entra a veces.

Ese silencio denso del que hablábamos —esa pausa donde la terapeuta oscila entre su propia resonancia y la presencia del paciente— suele anunciar un momento crítico. Quien narra queda, de pronto, en suspenso: venía contando y se detiene. Es un stop, un «hasta aquí» que se hace notar de inmediato. Cambia el tono de voz, la mirada se desplaza, la respiración adopta otro ritmo. Puede ser un alto lleno de ruido, de aceleración, de gestos; o un alto de ausencia, casi sin pulso visible. No sabemos qué ha encontrado: las pistas simbólicas son remotas y los códigos, a menudo, desconocidos para la terapeuta. Lo único claro es que algo lo sobrecoge o lo excita.

Aquí se impone cautela. Si quien escucha, con la mejor intención, aprieta para que el soñador avance en su relato, corre el riesgo de empujarlo contra un obstáculo interno lo bastante sólido como para que se cierre. El diálogo se enfría: el soñador se ve atrapado en su fantasía catastrófica —«no me entienden», «no me escuchan»— y recurre, quizá sin plena conciencia, a cualquier estratagema para escapar. Puede estallar en una emoción casi histérica, o generar un malestar físico que desvíe la atención de ambos hacia un nuevo síntoma. De ese modo, gana tiempo; cuando intenten retomar el hilo, la atmósfera habrá cambiado y el estímulo ansiógeno podrá quedar soslayado.

La persona se siente sola frente a un umbral peligroso. Si la intervención retrocede, la gruta interior seguirá intacta, quizá reforzada en su condición de tabú. ¿Cómo acompañar, entonces, sin violentar? Philip Bromberg sugiere que, en ese punto de atmósfera compartida, la emoción del otro despierta resonancias sincrónicas en quien escucha. Para que el paciente pueda avanzar, el terapeuta ha de dar también un paso hacia su propia dificultad: sentir que él mismo corre un riesgo es condición para que el otro reúna la confianza necesaria y arriesgue el suyo. A veces ese paso consiste en algo tan sencillo —y tan expuesto— como contar nuestros propios sueños. Porque en cuanto uno se atreve, el espacio terapéutico cambia de temperatura: la palabra nocturna deja de ser monólogo y el silencio que se abre puede llenarse de resonancias insospechadas.

Lo que sigue es precisamente eso: una pequeña constelación de sueños de otros que llegaron a mí de maneras distintas: como sueño, como carta y como literatura; cada uno de ellos muestra, a su manera, cómo la imagen compartida se convierte en espejo, en detonante y, a veces, en brújula. Empezaremos con el relato de un joven que se veía caer interminablemente en la oscuridad; continuaremos con la correspondencia de un soñador que despertó enfadado por tener —demasiada— razón; y cerraremos con una joya literaria de Kafka, donde el propio autor se sueña convertido en puente. Tres voces distintas, un mismo gesto: tender el sueño al otro para ver qué late entre los dos.

Sueño de alguien cayendo

Quien compartió este sueño —lo hizo ante el grupo de terapia en el que participaba— era un varón joven, exitoso, brillante, independiente. Apenas recordaba otro sueño que este, en el que se veía cayendo en picado por un pozo vertical y oscuro. La caída era larga, y siempre despertaba antes de tocar el fondo. Solo recordaba la caída.

Yo, que le escuchaba, pregunté:

—¿Hay algún detalle que quieras contar?

No, no encontraba nada más que explicar, salvo que, mientras se precipitaba por las tinieblas, veía alrededor chispas de luz que parecían ascender en dirección contraria a la de su caída.

Le propuse que cerrara los ojos, que se imaginara cayendo —como en sus sueños— y, aprovechando las ilógicas leyes que gobiernan durante el dormir, redujera deliberadamente la velocidad de la caída para contarnos lo que fuera percibiendo. Así lo hizo: imaginó que frenaba, y siguió descendiendo, pero mucho más despacio, lo que le permitió entrever en la penumbra un tenue foco luminoso que quedó enseguida atrás. Sin el vértigo de la caída, exploró más abajo hasta sentir que se detenía por completo. Estiró un brazo y tocó el fondo del pozo; se puso en pie y palpó las paredes: un espacio amplio, deshabitado, silencioso, solo. No resultaba amenazador, aunque tampoco acogedor; la única emoción, de momento, era la soledad.

Le recordé la luz que había visto y lo invité a levitar para comprobar si seguía allí. Levantó el cuerpo imaginario y encontró una abertura que daba a una sala elegante, iluminada por luz cálida, provista de libros, música, víveres y bebidas: un lujoso piso de soltero, un lugar de retiro. Allí se acomodó, sintiéndose seguro y tranquilo. Sin embargo, tras la euforia inicial apareció una soledad inquietante. Comparó la soledad huraña y autista del fondo con la confortable de la sala: soledad en ambos casos. Y se emocionó.

—¿Y esas chispas que veías mientras caías? —pregunté.

Se asomó a la negrura del pozo y comprobó que seguían allí. De nuevo pusimos la escena en cámara lenta hasta que pudo ver, asombrado y triste, que cada chispa era una persona de las muchas que habían pasado por su vida y que él dejaba atrás compulsivamente, buscando en una cierta idea de libertad una paz que solo le traía desolación.

Ahí surgió un significado que lo conmovió: vida en soledad y vida en relación como polos opuestos. Podía vivir solo, pero se representaba esa vida cayendo a oscuras y sin sentido; podía relacionarse, pero solo para alejarse después. Si únicamente hubiera deseado tener relaciones —sobre todo con mujeres, puntualizó— ni habría ido tan rápido ni se hubiera movido de forma tan compulsiva. Contó que tenía un coche negro, con los cristales tintados, especialmente potente: lo conducía tan rápido como le era posible, dejando atrás a las mujeres a las que acababa de impresionar. Si, por el contrario, solo deseara estar solo, no buscaría tantas y tan continuas relaciones. Quería estar solo y, al mismo tiempo, anhelaba ser querido, admirado y reconfortado. En otras palabras: no quería estar solo, pero tampoco acompañado.

Eso es un conflicto.

Podemos preguntarnos: cuando surge un conflicto así, ¿no intentamos resolverlo? Probablemente lo habría hecho si hubiese sido plenamente consciente de su existencia. Pero todos desarrollamos estrategias para evitar esa conciencia.

El muchacho proyectaba una imagen de éxito, autonomía, brillantez e independencia: una fachada que ocultaba una fobia evidente al compromiso. Esa misma fobia lo llevaba a desaparecer justo después de impresionar a alguien. La sensación de soledad podía silenciarse —al menos por un tiempo— con un desfile de relaciones esporádicas que servían tanto para mostrarse como para convencerse de que estaba bien así. Cuando ambas tendencias se activan lo suficiente y la persona persiste en distraerse, suelen aflorar síntomas: angustia, ansiedad, compulsiones.

Sueño por correspondencia

No todos los sueños se comparten en voz alta ni ante un grupo. Algunos llegan por escrito, como cartas lanzadas en busca de respuesta. En esos casos, el sueño se despliega de otro modo: no en diálogo inmediato, sino en el ritmo pausado de la escritura y la lectura. Así fue el caso de un consultante que, en un mensaje cuidadosamente redactado, relató un sueño reciente y formuló una pregunta que, como suele ocurrir, decía más de lo que parecía.

Estimado psicoterapeuta:

Llevaba una temporada sin recordar sueños. Tiempos de agobios, de mucha acción, discutir puntos de vista, rematar tarea, ¿me explico?, no malos tiempos, no, pero sin descanso. Y hace tres días soñé, uno tras otro, todos los jaleos de mi vida actual. Ahora, tengo un sueño reciente y una pregunta.

Actividad, conflictos, dilemas, proyectos, cuentas pendientes. viejos los unos, otros de recientes siembra. Allí estaban todos.

El guion era magistral, cada asunto se imbricaba en el todo, y asuntos diferentes guardaban entre sí las debidas proporciones. Nada se engrandecía ni se achicaba. Tal y como es. Y en cada caso, durante todo el sueño, la razón era mía. Todo era como yo lo entiendo. Yo tenía toda la razón.

No es que yo fuese el héroe, no: simplemente, mi punto de vista era el más apropiado en cada parcela, con cada persona. Mis cualidades, mis impaciencias encajaban, y mis respuestas a cada propuesta eran las apropiadas.

En mi día a día siempre llevo algo de autocrítica, de sospecha de mis intenciones, o de modestia: un factor de corrección perenne. En el sueño, no había de eso: Toda la razón, en todos los aspectos, era para mí. Pues bien, me desperté quejoso, poco paciente, huraño. Enfadado, me desperté. Quince minutos después estaba en plena amargura.

Ayúdeme a entender, por favor: ¿Cómo puede encajar este humor con aquel sueño?

La respuesta no apuntó a explicar el sueño, sino a devolverle el contacto con su experiencia, a empezar por lo obvio, por lo que se siente en el cuerpo, por lo que cuesta sostener.

Estimado consultante:

Me pregunta sobre lo que a usted le parece una contradicción, a saber: que vivía una situación favorable, pero su tono emocional al despertar era claramente desagradable. Pudiera ser que la contradicción que usted señala fuera solo aparente, que no fuese tal.

Usted dice que quiere entender; lo que yo le escucho es que quiere entender con la cabeza. Que le da más valor a la escena que a su emoción al verla representada. Pero lo que se está mostrando a sí mismo en ese sueño, ¿qué es lo que refleja?

No era un sueño agradable; usted cree que tenía que resultar grato, pero no es así. Estaban todas las obligaciones y conflictos, y al mismo tiempo algo faltaba, o sobraba, porque usted se sentía fatal. Por lo visto, «tener toda la razón» no es algo que, hoy en día, le haga sentir feliz... sino que le acompaña en su infelicidad... Sí: tenía usted toda la razón, en todo. Pero hay otros factores en juego.

Me decía que en esa temporada estaba lleno de temas pendientes y problemas. ¿Se está tomando en serio esa situación estresante?

Quiero que piense en todo esto un par de días y me cuente qué ha pensado. Recuerde: empiece por el final, por el despertarse, vaya a lo obvio, ábrase a sus emociones. Y recuerde conmigo que, como decía Guillermo Borja, el pensamiento no es lo que resuelve un atasco, porque no se originó con un pensamiento, sino con una experiencia, con una vivencia...

El consultante, días más tarde, escribió de nuevo. Había hecho el trabajo que se le propuso: ir al final, al malestar del despertar, y desde ahí releer el sueño. Su devolución decía así:

Estimado terapeuta:

He estado considerando las cosas desde los ángulos que me sugirió. Sí, mi sueño refleja un enfado. ¿Cuál? Pues me suena así: «Estoy harto ya de tanto lío, ¿por qué insistís en vuestras posturas, que me hacen volver una y otra vez a asuntos que me desagradan? ¿No podéis ver, con lo evidente que es, que Yo Tengo Toda la Razón?».

Sí, en mi sueño, tenía toda la razón; pero nada cambiaba con solo tenerla. Todo seguiría tal cual, y en cada una de esas repetidas situaciones inconfortables, me sabría teniendo la razón. Pero... ¡Qué incómodo resulta eso! ¡Qué ganas de gritar: «Qué les corten la cabeza»!

Soy alguien capaz, y por eso estoy tan ocupado. Pero llegado un límite, ya no puedo más; y entonces me fijo en algo, un detalle y luego otro, todos a la vez y me enfado contra todo y contra todos No acierto a encontrar el camino, soy incapaz de desidentificarme de mis reacciones y mis emociones. Eso aumenta el agobio y lo convierte en angustia. Sueño —es una metáfora— que pido al cielo que me desatasque, que paren los incordios y mis voces internas, y que me dé toda, toda, toda la razón; y es como si creyese que con eso ya dejaría de sentirme enfadado y desdichado. En el sueño veo que no. Que tener toda la razón no me sirve. Y que enfadarme con todo y con todos tampoco me sirve.

En el sueño me hice un selfi y he estado a punto de mirar para otro lado y seguir con más de lo mismo y dejar sin atender lo único que podría hacer que las cosas cambien para mí: escucharme, repasarme, tenerme en cuenta y obrar en consecuencia.

Si me siento agotado y desconectado, puede que sea momento de reconsiderar lo que estoy haciendo y/o cómo lo estoy haciendo. ¿no? ¡Qué fuerte! ¡Tenía toda la razón! Y estaba iracundo. Y ¿no son acaso una y la misma cosa?

Gracias por hacerme trabajar. Suyo afectuoso,
El soñador.

A veces un sueño se cuenta en voz alta. Otras, por escrito. Y hay ocasiones en que se filtra en la forma de una carta, una escena, un relato. También la literatura, cuando se deja atravesar por lo onírico, puede convertirse en una forma de compartir sueños: no como testimonio directo, sino como resonancia. Algunos cuentos —Kafka lo sabía— nacen no tanto de lo que se sueña dormido, sino de lo que permanece velado durante la vigilia. Lo que sigue no es el sueño de un paciente, sino el de un escritor que supo transformar su insomnio en una forma de verdad.

Yo soy un puente. Soy un puente, y estoy tendido sobre un barranco. Soy rígido y frío. Con los pies a un extremo y los dedos de las manos crispados en el otro, me enraízo sólidamente en el barro movedizo. Los faldones de mi abrigo flotan a los lados y muy por debajo de mí el torrente helado. Ningún ganadero, ningún paseante se aventura desde hace tiempo por aquí. Así que estoy tendido y espero, no puedo hacer otra cosa que esperar. A no ser que me desplome, soy un puente y solo puedo ser un puente. Y entonces, ahora, es un día: no, es una tarde de verano. Oigo pasos humanos. ¡Alguien viene hacia aquí, hacia mí! Me preparo como puente. Me voy diciendo: «¡Ténsate, prepárate a soportar el peso de quien va a cruzarte, que se confía a ti! Si notas su paso inseguro, tranquilízale. Sin intervenir; pero si pierde el equilibrio, demuéstrale cuál es tu temple, y, como un Dios de la montaña, llévale al otro lado, hasta la tierra firme!

Cada relato ha dejado su huella en el espacio que compartimos: el joven que se descubrió cayendo sobre su propia soledad, el epistolario donde la razón absoluta reveló su rostro rabioso y el puente kafkiano tendido sobre un vacío que solo se colma cuando alguien se atreve a cruzarlo. Distintos en argumento, coinciden en un mismo movimiento: al narrarse, el sueño deja de ser imagen privada y se convierte en pasarela viva entre dos orillas. Nada se soluciona de inmediato, pero algo esencial ocurre: la presión interna encuentra respiradero, la escucha introduce matices que el soñante no podía oír a solas y, en ese tejido de ecos, se abren caminos que antes no estaban.

Queda así confirmada la intuición inicial de este capítulo: un sueño compartido no busca ser descifrado como enigma terminado, sino seguir respirando en otra voz. Y cuando esa respiración se hace coro —cuando varias presencias sostienen la imagen sin asfixiarla— la metáfora se vuelve experiencia, la experiencia se vuelve vínculo y el vínculo, a su vez, inaugura posibilidades nuevas de acción. Con el eco de estos puentes todavía vibrando, estamos listos para el siguiente paso: adentrarnos en la práctica gestáltica y ver cómo el cuerpo entero puede asumir, prolongar y transformar la escena nocturna en un aquí-ahora palpitante.

Compartir un sueño no es solo decirlo en voz alta: es dejarlo vivir en otro cuerpo, permitir que rebote, se distorsione, se amplíe. Es descubrir que un mismo sueño puede tener varias capas de verdad, y que hay verdades que solo emergen en compañía.

Quizá por eso el sueño contado no se agota, no se cierra ni caduca. Sigue abriéndose cada vez que alguien lo escucha.

¿Quién escucha al soñador? Escucha en sesión y fuera de sesión

Mirad qué delicia es el siguiente diálogo de *Si el viejo Simbad volviese a las islas*:

> SIMBAD: Señorías, el nombre con el que Dios me deja andar por el mundo es el de Simbad marinero.
> COMERCIANTE 2: ¡Invite a su criado a beber una copa!
> SIMBAD: Criado no, que es mi vigía, y no bebe vino, que, aunque ciego, es ciego muy observador de cada letra del Libro.
> COMERCIANTE 1: ¿Un ciego de vigía?
> SIMBAD: A los que navegamos guiados por los sueños, nos hace falta alguien que nos vea en lo oscuro.

Ya lo sabemos: un sueño puede escribirse en soledad o compartirse con otro. Ambas formas son válidas, y cada una ofrece algo distinto. Escribir permite escucharse sin interrupciones, seguir el hilo de una imagen, de una emoción, de una palabra que no se olvida. Compartir, en cambio, nos saca del propio espejo y nos devuelve el sueño con otra luz, otra voz, otro ángulo. A veces, solo al decirlo en voz alta, descubrimos lo que en realidad queríamos decir.

Al mismo tiempo, no puedo dejar de señalar la participación —muy activa, por cierto— de quien nos escucha cuando compartimos lo soñado.

Son incontables los consejos que circulan sobre lo que cambia en nosotros al ser escuchados: «Ojo con tus tendencias inadvertidas, esas que te hacen elegir siempre el mismo rumbo y evitar, sin darte cuenta, el otro».

A esto se lo llama «control de sesgo»: una forma de salir de nuestros propios automatismos.

Hay experiencias curiosas, como la de aquel terapeuta que, para revisar su propio sueño, se lo cuenta a alguien cercano —una amiga, un cuñado—, a cualquiera que no tenga formación especial. Solo por escuchar lo que al otro se le ocurre. Y a veces, basta eso.

En lo personal, resueno especialmente con el trabajo grupal: revisar un sueño ante personas con las que se comparten formaciones, compromisos, incluso lazos familiares.

Escuchar cómo dos, tres o cuatro personas devuelven su propia lectura de lo que acabo de contar, me abre los brazos y los omóplatos. Se me humedecen las manos. Y vuelvo a casa más tonto, sí, pero también más en paz.

Por eso, de vez en cuando, es bueno contar con alguien que te escuche. Lo soñado se vuelve más claro cuando alguien más lo oye contigo. Porque, ¿qué es lo que sucede cuando se trabaja así un sueño?

Pues que dos invidentes (sí, he dicho dos) entran en un laberinto, y que a medida que se mueven dentro de él van recuperando el uso de sus sentidos y orientándose de una manera más capacitada. El que sueña se ha ido adentrando en la historia que ha compartido, con lo que remueve instancias en su propio Yo y ya está más cerca del estado en el que mejor se trabajan los sueños. También el que escucha se ha ido empapando a la luz y la sombra del que sueña, procurando estar presente: en lo que capta afuera, adentro, y allí donde adentro y afuera se confunden. De afuera le llega el relato, con su entonación, subrayados, elusiones, miradas, gestos. De su propia mente, asociaciones y recuerdos de otros sueños, frases hechas, preámbulos, estrategias. Su aparato de sentir responde con interés, apatía, temor, intriga. Y su cuerpo, siempre ajustándose. Con todo ello, actúa: pide más concreción, apoya énfasis, se retira del campo dejando al que sueña en una patente soledad que le haga ir más intensamente al encuentro consigo mismo.

Mientras escucho un sueño, se me ponen a bailar las ideas, porque es algo fuera de la lógica cotidiana y, al mismo tiempo, se le parece como dos gotas de agua. Son dos gotas no idénticas —más bien, cristales de hielo en la ventisca—, irrepetibles pero iguales en su composición, en su geometría, en su dramatismo.

Algo en mí se pone escéptico, en guardia. Percibo que encojo los hombros al mismo tiempo que el cuello se me estira, y mis oídos multiplican su nivel de atención. Debo ser el único al que le sucede tal cosa, porque en los escritos no se cuenta. Sí, leo vagas advertencias sobre el peligro potencial de internarse en los sueños sin la debida pericia técnica, simbólica o científica. *«No pocas enfermedades graves se han desencadenado por análisis de sueños mal llevados»*, alcanzo a leer en Kemper. *«Desequilibrios psicológicos pueden suceder a revelaciones inoportunas»*. Por si acaso, iré con cuidado.

Suele ayudar pedir una segunda pasada del sueño. La primera me sorprende; en la segunda, quien cuenta se ordena y yo afino la escucha: ahí distingo si el soñador narra su sueño con humor, con preocupación o con angustia.

- «Había una gran ola que se acercaba a nosotros, y nos quedábamos mirándola sin movernos, aunque era tremenda y se veía que iba a arrasar con todo a su paso».
- «Me encontraba sin rumbo, con la cámara de fotos al cuello, en lo alto del monte que corona mi ciudad. Al final localicé unas escaleras…»
  «En una callejuela por la que paso, hay sacos de dormir a ambos lados; dentro, cadáveres».
- «Me encuentro con una mujer a la que admiro mucho; me dice que vive en una choza de madera donde nadie la llama para trabajar, y que tiene dos hijos».

No solo estoy frente al contenido del sueño, sino también frente a quien lo ha soñado, que me lo comparte con una forma de presencia muy específica. A veces lo cuenta con la sensación de estar incomodando, o con una culpa sutil por hacerme perder el tiempo. En esos casos, mi atención se ajusta: dejo de enfocarme tanto en el sueño en sí y me concentro más en quien lo relata. ¿Qué le ocurre a esta persona que, mientras necesita ser escuchada, parece esforzarse por minimizar el valor de lo que dice?

Otras veces, el relato llega extenso, casi como si no me lo contaran a mí, sino a un público lejano y masivo. En esos momentos, lo que me nace es recuperar la cercanía: invitar al soñador a volver al vínculo que compartimos aquí y ahora, y reforzar el intercambio genuino entre ambos.

Tarde o temprano, nos encontramos inmersos en la sustancia misma del sueño. A partir de ahí, se abre una especie de trance compartido: un tiempo sin prisa, donde podemos detenernos a observar, explorar y tantear cada rincón del territorio que se despliega entre nosotros. En ese escenario, mi papel no es el del experto, sino el del visitante. Quien sueña se convierte en guía: conoce la textura del lugar, sus transiciones, sus silencios. Yo me limito a preguntar, a dejarme llevar por lo que desconozco. Y, mientras ella me orienta, también descubre cosas que no había mirado con atención. Me detengo en detalles que aún no ha nombrado, y devuelvo preguntas que buscan abrir más que cerrar: «¿A dónde crees que conduce esa escalera?», «¿Qué sientes cuando aparece esa figura del fondo?» Le pido que lo diga con sus palabras, no por mí, sino para que ese mundo que me es ajeno se vuelva, poco a poco, también mío —compartido, narrado, comprendido en su singularidad.

La palabra «significado», no implica una traducción de lo que sucede según alguna clave interpretativa, sino la vivencia que la experiencia del sueño le provoca al soñador. Están tan vinculadas las palabras «significado» e «interpretación» a los tópicos populares sobre qué son los sueños y qué se puede hacer con ellos que, cuando pedimos a quien ha soñado el significado de su sueño, suele decir que, obviamente, no lo sabe y que si me consulta es para que se lo explique yo. Y, sin embargo, el verdadero significado solo puede conocerlo quien ha soñado.

Conviene dar un paso más: cada sueño que escuchamos es un enigma sin fin que, como una obra de arte —música, poesía, imagen...—, enciende luces en miles de personas distintas, separadas por continentes y siglos. Así son los sueños genuinos. Nos despiertan: los sueños nos despiertan. Trabajar con ellos es subirse a un vehículo en el que viajamos el que sueña y quien escucha; al bajarnos, la conciencia queda trastocada, removida… y un poco más despierta.

El teatro de los sueños

Cuando un sueño se comparte en voz alta —en un grupo, en la consulta o junto al fuego— algo queda ya insinuado: la escena privada pide un escenario mayor. Aquella intimidad relatada ante otros empieza a comportarse como una pequeña obra: tiene un telón que se alza, unos personajes que toman la palabra, un público que aguanta la respiración. Continuar la investigación significa, pues, pasar del círculo de oyentes al corazón mismo del teatro onírico, allí donde cada papel —protagonista, antagonista, coro y apuntador— es encarnado por una sola mente que se desdobla.

Siva Chandra Vidyárnava Bhattacharya lo formuló con nitidez:

> En la representación onírica, la mente es el único actor. Sea lo que fuere lo que se presente, los actos y escenas son únicamente el juego de un solo intérprete que adopta personajes distintos. Leones, tigres, víboras, esposa, hijo, amigo o sirviente, cielo e infierno: todo lo que se ve en sueños no son sino transformaciones del *antahkarana*, el propio ego del soñador.

Fritz Perls lo resume con su ironía habitual: «Guionista, tramoyista, actriz y coro eres —siempre— tú, que lo estás soñando».

Conviene recordar que Fritz Perls traía en la sangre el escenario, pues antes de la guerra estudió actuación con Max Reinhardt en el Deutsches Theater de Berlín, participó en el ambiente expresionista, llegó a actuar y coqueteó durante años con la idea de dirigir. Esa impronta teatral —presencia corporal, atención al gesto, gusto por la improvisación— se filtró en su manera de trabajar: no interpretar el sueño «desde fuera», sino ponerlo en escena, invitar a la persona a ocupar cada papel, cambiar de silla, hablar como la ola, como la escalera, como el muerto en el saco. De ahí que el trabajo gestáltico con sueños se viva como una pequeña función donde se recuperan las partes propias que quedaron fuera de foco.

Los retratos literarios, la escena teatral y la fabricación nocturna de imágenes han sido aliados naturales desde tiempos clásicos. En 1770, Diego de Torres Villarroel —catedrático salmantino, astrólogo, dramaturgo— publica sus *Sueños morales* e inserta el delicioso «Correo del Otro Mundo». Cada amanecer —anota— un cartero «bastante contrahecho, todo hay que decirlo», le entrega cartas redactadas por rivales vivos y muertos, por jueces, frailes, lectores desconocidos y difuntas pasiones. En ellas, Torres se multiplica: es el cartero que llama a la puerta, los corresponsales que escriben, los amigos que comentan el reparto y el público que aplaude o silba. Sin proponérselo construye, con prosa barroca y humor cervantino, un autorretrato polifónico que anticipa la autoficción y el psicoanálisis por venir.

Teresa Gómez —catedrática de literatura española—, resume la potencia de ese gesto con una fórmula simple: «Para obtener una panorámica de nosotras mismas, soñar es la herramienta más completa: hago, me veo haciendo y siento lo que siento mientras me veo».

Friedrich Nietzsche —que llevaba cuadernos de sueños incluso en sus travesías alpinas— remacha el clavo: «Nada es más nuestro que nuestros sueños. Nada lleva tan claramente nuestra firma. Materia, forma, duración, actores, espectadores… en esas comedias lo somos todo».

Todo este repertorio —del *antahkaraṇa* a Perls, de Torres Villarroel a Nietzsche— nos lleva al mismo punto: en el sueño todos hacemos de todos. Pero no actuamos al azar. Lo que se representa suele ser una tensión viva entre partes de nosotros que pugnan por ser vistas. Cuando trabajamos un sueño, no buscamos descifrar símbolos externos, sino escuchar la escena interna que se está representando ahora mismo.

Es allí donde empieza el drama interno.

El drama interno

Cada sueño es, en el fondo, una pieza de cámara donde dos o más fuerzas se disputan el escenario. A simple vista podemos ver ruinas, persecuciones o diluvios; si afinamos la mirada, descubrimos que detrás late un duelo: víctima/verdugo, deseo/ley, impulso/temor. La Gestalt, de la que hablaremos *in extenso* más adelante, invita a entrar en esa dramaturgia, a sentir la respiración de cada personaje y a preguntar: «¿Qué quiere este impulso? ¿Qué teme aquella parte?». El propósito no es tomar partido ni traducir símbolos a la manera de un diccionario onírico, sino colocar la tensión en el centro de la escena y dejar que se mueva ante nuestros ojos.

A veces basta devolver la palabra a quien fue silenciado para que el nudo empiece a aflojarse.

Compartir un sueño es ponerlo en escena. Tú lo cuentas; alguien escucha; entre los dos se enciende el teatro. No hace falta interpretar diccionarios: basta quedarse en la experiencia y hacer preguntas que abran el espacio. El significado se siente, no se traduce. Como toda buena obra, el sueño ilumina más de lo que creemos.

Hemos visto que un sueño puede escribirse en silencio o contarse en compañía; que al compartirlo entra en escena y convoca al público; que quien escucha no es mero testigo, sino vigía —como en la cita de Simbad— cuando navegamos por zonas oscuras. A veces basta la observación sencilla de alguien cercano para que salgamos de nuestros automatismos; otras, un grupo entero nos devuelve matices que solos no veíamos. Dos invidentes en un laberinto: el que sueña y quien escucha, tanteando paredes distintas hasta que ambos recuperan sentidos.

Cuando avanzamos así, tarde o temprano llegamos a la sustancia del sueño. Preguntamos, describimos, detenemos la escena, volvemos a mirar. El significado no se descifra en clave; se siente. Cada palabra, cada gesto del relato apunta a la vivencia del soñador. Si la seguimos con paciencia, la imagen se abre.

Y entonces el sueño hace lo que hace el arte: enciende luces. Lo que parecía un asunto privado resuena en otros, atraviesa años, cruza mesas de cocina, consultas, fogatas, grupos de formación. Nos despierta. Trabajar un sueño es subir a un vehículo compartido y bajarse un poco distinto: más consciente, más tocado, a menudo más en paz.

INTERLUDIO XII

Mientras hablan del sueño, el peregrino permanece en silencio, con la espalda algo encorvada y los ojos muy abiertos. No toma notas. Solo escucha. Ha dicho que venía por curiosidad, pero ahora parece formar parte del coro. No pregunta, no interrumpe. Solo está. Y sin embargo, cuando alguien relata lo suyo, es hacia él que se dirige la mirada, como si en su quietud se reflejara una forma de comprensión.

Cuando el relato termina, el peregrino alza la cabeza y dice despacio: «Ponedlo en pie». Como si dijera: hacedlo real. Entonces quien ha soñado ocupa el centro y empieza a ser la ola, o la escalera, o el cadáver en el saco. Nadie le ha enseñado, pero el peregrino conoce el ritmo, la pausa, la respiración que hace posible la escena. Se nota que viene de otro lugar: del teatro, del viaje, del sueño mismo.

Una noche, alguien le pregunta si eso que hacen es teatro o terapia. El peregrino sonríe, baja la mirada y responde: «Es lo mismo, cuando se hace de verdad».

DECIMOSEGUNDA JORNADA DEL CAMINO: SUEÑOS Y TERAPIA

Cuando una persona se siente desorientada y perdida en sí misma, puede intentar una psicoterapia. Esta no es otra cosa que, en palabras de Wikipedia, «el proceso que se produce entre un psicólogo con formación clínica y una persona que acude a consultarlo, con el propósito de mejorar la calidad de vida de esta última a través de cambios en su conducta, actitudes, pensamientos y/o afectos». También puede describirse como «la escucha y el abordaje de las dificultades de alguien por parte de un psicólogo, y el trabajo entre ambos en busca de equilibrio». Implica comprender la situación del consultante, las fuerzas que la mantienen y los recursos de los que dispone para ordenar su presente y su futuro.

Ahora bien, ni siquiera los «psicólogos con formación clínica» coinciden siempre en qué significa exactamente «mejorar la calidad de vida» de quien los consulta, ni en cuáles son los aspectos más perjudiciales de su modo de abordar la existencia. Existen múltiples enfoques, a veces sostenidos por principios ideológicos opuestos. El primer psicólogo al que acudí por mis episodios de angustia juvenil, por ejemplo, me prescribió desde la primera entrevista «rezar más y pensar menos en las chicas». Probablemente se marchó satisfecho, convencido de que había cumplido su labor, y cuando comprobó que yo —además de angustiado, ahora desconcertado y defraudado— no regresaba, quizá se felicitó por lo rápido que me había sacado del embrollo.

Cada escuela propone estrategias distintas: prescripciones, análisis, visualizaciones, autodiálogos, y también el trabajo con los sueños, aunque no todas lo utilizan, dejándolo en ocasiones como patrimonio de la llamada «psicología profunda». Sin embargo, la propuesta básica de cualquier psicoterapia se resume así:

«¿Tienes problemas, te encuentras mal, temes lo que te sucede o lo que vendrá, no sabes decidir? Entonces dedica esfuerzos, tiempo, organización y dinero a conocerte mejor. Yo te escucharé y tú, con intensidad, haz lo mismo: escúchate. Pon atención a lo que oyes y también a lo que te repites en silencio; a tu pensamiento formulado y a ese sustrato inconsciente que aún no comprendes. Añadiré recomendaciones y las llamaremos tratamiento».

Hoy puede sonar familiar, casi natural, pero es una propuesta radical, que choca con nuestras consignas aprendidas y con nuestro miedo al desorden y a lo desconocido. No promete «curarte», sino ayudarte a advertir que necesitas cambiar, que tu mirada es parcial, que quizá debas volver a empezar. Por eso la psicoterapia se da por sabida y, al mismo tiempo, se ridiculiza, se caricaturiza, se niega, se disfraza o se abandona. A veces se intenta convertirla en otra cosa —preferiblemente en algo medible y rentable, como la agricultura intensiva— pero, hoy en día, sigue siendo una aportación irrenunciable, difícil de sustituir.

En esencia, la psicoterapia comienza cuando se enuncia: «Escucha esa parte tuya que se intuye bajo la conciencia ordinaria y a la que no prestas atención».

Abandonar este código equivale a dejar de hacer terapia y pasar a dictar lo que la persona hace mal o lo que «debe» hacer, es decir, sustituir un proceso de maduración por moralina, conductismo o simple domesticación. No es terapia.

El psiquiatra R. D. Laing lo formuló en 1967 (y lo repitió con insistencia) de esta manera: «La psicoterapia debe seguir siendo el intento obstinado de dos personas por recuperar la totalidad de ser humanas a través de la relación entre ellas».

El conflicto y el sueño

Ahora bien, ¿por qué —y para qué— están los sueños en psicoterapia?

Dado que quien acude a terapia lo hace inmerso en un conflicto, es lógico que los sueños que aparecen en el proceso nos interesen, sobre todo, por los conflictos que en ellos se dejan ver.

Un conflicto, por definición, implica una oposición entre dos fuerzas. La Wikipedia lo formula así: «Una situación en que dos o más individuos con intereses contrapuestos entran en confrontación, oposición o emprenden acciones mutuamente antagonistas».

Pero, además de esos conflictos externos, debemos considerar los que se producen dentro de una misma persona. Un conflicto interno es justamente eso: una situación en la que, al mismo tiempo, deseamos hacer algo y no hacerlo. Ahora bien, ¿cómo es posible que uno mismo —yo mismo, por poner un ejemplo— pueda querer y no querer una misma cosa?

Aquí es donde la mirada de autores como Hobson y Bromberg resulta especialmente valiosa. Si la tarea terapéutica consiste en comprender a alguien, entonces los sueños —igual que los estados de vigilia— reflejan el carácter de la persona, sus tensiones internas, los apoyos con los que cuenta y las fuerzas que sostienen su conflicto. En lugar de asumir una identidad homogénea y coherente, estos autores nos ayudan a pensar al yo no como una entidad unitaria, sino como una constelación dinámica de partes, algunas de las cuales pueden entrar en conflicto, silenciarse o incluso excluirse mutuamente.

Desde esa perspectiva, los sueños no son un territorio aparte, exótico o misterioso, sino una expresión más —fiel y a veces brutalmente clara— del presente interno de quien sueña. Lo que emerge en el sueño está hecho de los mismos materiales con los que se construye la vida cotidiana: deseos, miedos, formas de autoimagen, vínculos no resueltos, escenas residuales. Algunos de esos recursos están activos, otros contenidos o invisibles, y algunos todavía fuera de su alcance real. Vistos así, los sueños no ocupan una posición especial ni sagrada: son, simplemente, un material más que el paciente trae consigo a la sesión. Lo abordamos como cualquier otro aspecto de su experiencia: con respeto, con curiosidad, con la intención de que sirva a su autocomprensión y, ojalá, a su alivio.

Porque, al fin y al cabo, eso buscamos en terapia: que la persona llegue a comprenderse mejor y, como consecuencia, sufra un poco menos. No se trata de eliminar el sufrimiento —mucho menos de anestesiarlo—, sino de discernir qué parte de él es evitable, estéril, repetido. Ese malestar que se presenta con formas conocidas, que no mata ni da vida, pero que desgasta: consume energía vital sin ofrecer nada nutritivo a cambio. Su carácter repetitivo lo delata como lo que es: una señal de alarma, una diana legítima para cualquier intervención terapéutica.

El trabajo con los sueños nos sitúa sobre un sendero estrecho, flanqueado por dos laderas empinadas: una se llama temor o terror; la otra, yo-ya-me-lo-sé-todo. Cualquier descuido puede hacernos resbalar hacia uno de esos extremos. Pero si conservamos el paso y la atención, si mantenemos el contacto, el sueño puede conducirnos hasta la comprensión profunda de algo que parecía inaccesible y que, sin embargo, siempre estuvo dentro.

No es una idea nueva. Cien años antes de que existiera la palabra *psicoterapia*, Georg Lichtenberg anotaba en su cuaderno:

> Los sueños suelen situarnos en escenas a las que, despiertos, jamás nos habríamos acercado, o nos hacen sentir pequeños contratiempos que hubiéramos despreciado desde lejos… A menudo un sueño cambia nuestra decisión y refuerza nuestro fundamento moral mejor que cualquier doctrina que llegue al corazón dando un rodeo. Los sueños representan el resultado natural de todo nuestro ser, sin la coacción de una reflexión artificiosa.

Ese pensamiento merece ser tomado en serio. Freud imaginó la mente como un aparato de fuerzas en pugna. Deseos que empujan desde abajo, mandatos que prohíben desde arriba, y un yo que intenta —como puede— mantener el equilibrio. El sueño, en ese modelo, es una válvula: una vía regia al inconsciente. Una escena disfrazada donde lo reprimido busca expresarse sin provocar alarma. Lo explicó con detalle en *La interpretación de los sueños* (1900), un libro inaugural —aunque escrito con la nostalgia de algo que ya se iba— en el que Freud sitúa el soñar como un fenómeno psíquico con reglas propias, estructuras formales y un papel esencial en la economía emocional del sujeto. Para él, todo sueño tiene un contenido manifiesto —lo que recordamos— y un contenido latente —lo que verdaderamente está en juego. Y la función del análisis es despejar esa máscara, traducir el lenguaje cifrado en deseo reconocible.

Carl Gustav Jung, que comenzó su carrera muy cerca de Freud pero se alejó pronto de sus planteamientos, propuso otra forma de entender los sueños. Para él, el sueño no es una máscara que oculta, sino una imagen que revela. No busca disfrazar un contenido reprimido, sino ofrecer una compensación: una respuesta simbólica al desequilibrio interior del soñador. Allí donde la conciencia se vuelve rígida, el sueño aporta plasticidad; donde la visión se estrecha, el sueño introduce otras perspectivas.

En lugar de interpretar el sueño como quien descifra un código oculto, Jung invita a dialogar con él, a entrar en relación con sus símbolos. No se trata de reducirlos a una sola clave, sino de dejar que desplieguen sentidos: ¿qué te sugiere esta figura?, ¿dónde más la has visto?, ¿qué siente tu cuerpo al recordarla?, ¿quién habla y quién calla en esta escena?

Jung llamaba a este proceso «ampliación del símbolo»: no encerrarlo, sino hacerlo crecer. En ese sentido, el trabajo onírico no busca una verdad única y definitiva, sino una relación más viva y compleja con uno mismo. El sueño, decía, muestra lo que el yo consciente no ve o no quiere ver, y por eso puede ser una vía privilegiada hacia la individuación, el proceso largo y sinuoso por el cual una persona se convierte en quien es.

Donde Freud hablaba de conflicto entre deseo y represión, Jung hablaba de tensión entre opuestos que aspiran a reconciliarse: razón e intuición, voluntad y entrega, luz y sombra. La función del sueño, entonces, no es ocultar, sino completar.

Hanna Segal, psicoanalista inglesa de la escuela kleiniana, aportó una voz nítida al estudio de los sueños. Para ella, el sueño no es un acertijo cifrado, sino un lenguaje emocional en expresión directa: manifiesta deseos, ansiedades y defensas. Más que interpretar símbolos como si fueran jeroglíficos, sugiere atender la estructura emocional que esos símbolos organizan.

Alfred Adler, por su parte, propuso un enfoque más pragmático y social. Para él, el sueño expresa la forma en que la persona afronta —o evita— sus tareas vitales. No se trata de un contenido reprimido que busca salida, ni de una imagen arquetípica que brota desde el fondo de la especie. Es una herramienta de autojustificación, una escenificación del estilo de vida. Soñar, en la visión adleriana, es dramatizar un problema con la forma que lo afrontamos. Lo importante no es qué dice el sueño, sino cómo lo usa el soñante.

Como podemos ver, incluso dentro del psicoanálisis clásico ya había tensiones. Freud buscaba traducir lo simbólico. Jung, habitarlo. Adler, analizar su función práctica. Lo que los unía era una convicción compartida: que el sueño era significativo, que no era azar ni mero residuo. Que había que escucharlo, aunque diferían sobre qué escuchaban.

Con el tiempo, otras tradiciones fueron desplazando estas miradas hacia nuevos territorios. Perls y la terapia Gestalt transformaron el sueño en experiencia viva: lo trajeron al presente. Hicieron que el soñante encarne al personaje, que le hable al objeto, que escuche a la sombra que lo persigue. Moreno, desde el psicodrama, llevó aún más lejos la escena onírica: dejó de pensarla como símbolo y la propuso como acción. En sus salas circulares, los sueños no se interpretan: se representan. No se explican: se actúan.

Este giro hacia la acción abrió la puerta al pensamiento sistémico. Allí ya no importa solo lo que el individuo sueña, sino en qué red de vínculos está inserto. El sueño puede hablar del sujeto, pero también del sistema familiar, de lo no dicho entre generaciones, de lealtades invisibles o mandatos heredados. Desde esta perspectiva, lo inconsciente no se aloja solo en el fondo del psiquismo individual, sino que circula entre los cuerpos, entre los gestos, entre las ausencias. El síntoma no es solo un conflicto intrapsíquico: puede ser también una función relacional. Una manera de sostener el equilibrio cuando hablar sería romperlo todo.

Así, el sueño —ese teatro interno que Freud quiso traducir— sigue revelando nuevas formas de presencia. Puede ser un resto de deseo, un arquetipo colectivo, una estrategia vital, una escena corporal, un nudo relacional. Puede ser todo eso a la vez. Por eso, el trabajo con sueños no es solo un método clínico: es una forma de estar con lo invisible. A veces bastará con observar. A veces, con dramatizar. A veces, con simplemente estar ahí mientras algo se revela, sin necesidad de sentido, sin apuro por entender. Porque, como enseñan todas estas miradas —cada una desde su orilla—, el sueño no es algo que tenemos: es algo que nos piensa.

Presentando el enfoque Gestalt de los sueños

La llamada *Gestalt Therapy* nace de la trayectoria vital y profesional de Friedrich Salomon Perls: alemán, médico, psicoanalista, casado, con dos hijos. Un sujeto rebelde, errante, provocador, que tras múltiples viajes, rupturas y aprendizajes —y con el apoyo de figuras tan influyentes como Lore Posner (conocida como Laura Perls, su esposa y colega), Karen Horney, Wilhelm Reich y el jardinero (y el gato) del Instituto Esalen en California— acabó afirmando con convicción la identidad intrínseca entre el ser humano y el universo de este mundo.

En el enfoque gestáltico, lo humano es visto como un devenir, un proceso vivo que, precisamente por estar vivo, necesita tomar y soltar continuamente, siguiendo impulsos básicos de autorregulación. Este fluir entre tomar y soltar no requiere de un control externo: se autorregula: ahora necesito incorporar; ahora necesito evacuar. Así de simple. Así de profundo.

La propuesta de Perls parte de una confianza radical en la autorregulación organísmica: el organismo vivo, en su totalidad, sabe lo que necesita. No requiere instancias superiores que lo rijan o vigilen. Como la anguila, como la estrella, el ser humano —producto, como ese parásito del intestino de una termita, de las condiciones de este planeta— se autorregula espontáneamente, actualizando su potencial en contacto constante con su entorno.

Pero no se trata de un estar *en* el mundo, sino de un estar *siendo* el mundo. La relación no es de alojamiento, sino de co-pertenencia. Y para ello, el ser humano dispone de una paleta afectiva completa: ternura y agresividad, necesidad y límite. Son herramientas para incorporar experiencias, digerirlas, hacerlas propias, y continuar el movimiento vital de renovación constante… hasta el final.

Perls también detectó con claridad como ese estado humano vivo y autorregulado puede estropearse mediante la inyección o introyección de consignas ajenas: tragar sin masticar. El clásico «esto es lo bueno, aquello es lo malo» abre zanjas profundas, separadoras, y casi siempre rompe piernas.

Como tantas otras eminencias, sostenía que el modelo educativo al que hemos estado expuestos fomenta precisamente esa introyección: se nos fuerza a aceptar lo que se nos impone y a callar. Se nos entrena para disponer nuestras fuerzas vitales de forma tal que, con el tiempo, se vuelven desvitalizadas, empobrecidas, casi vacías. Y pasamos del estado de ser despiertos al estado de la *zona de confort*, a la *zona de sopor*. En ese proceso, acabamos habitados por consignas opuestas entre sí que conviven como potencias enfrentadas, latentes, esperando el momento de entrar en conflicto. Actitudes internas que son idénticas en fuerza pero contrarias en propósito: verdaderas polaridades norte-sur, desconectadas, incomunicadas. Y cuando estas polaridades colapsan, cuando se enfrentan sin posibilidad de integración, el flujo creativo se bloquea. La energía vital deja de circular.

Perls aprendió de Wilhelm Reich que somos hombrecitos a quienes se les ha amputado la vivacidad de sus vidas. Y que, como sostenía Karen Horney, estamos atrapados en ideas de grandiosidad que nacen para compensar frustraciones profundas, dejándonos suspendidos en un limbo donde la realidad apenas puede echar raíces. También sostiene, como le enseñó el místico existencialista Martin Buber, que «yo soy yo» solo en tanto que «tú eres tú». Que es al llegar al origen y a la luz del propio ser cuando uno puede ver el origen y la luz del otro. Y que esa relación —auténtica, desnuda— tiene el poder de transformar el mundo.

Mientras tanto, sin ese reconocimiento, tú y yo somos extremos polares desconectados. Por eso, su forma de hacer terapia apunta directamente a esos opuestos: a las fantasías, a las desvitalizaciones, las ideas heredadas que fragmentan. La labor de la terapia Gestalt es reconectarlas, calentarlas, devolverles deseo de vida verdadera.

Cuando llega el momento de trabajar —por ejemplo, con los sueños de un paciente—, estos son los hilos que sostendrá en la conciencia. No como teoría rígida, sino como una respiración atenta. Un estar con. Un saber sin saber.

Durante los años que vivieron en Sudáfrica, Fritz y Laura Perls comenzaron a distanciarse de las formalidades del psicoanálisis ortodoxo en el que se habían formado. Poco a poco, fueron desplazando el foco hacia los fenómenos relacionales que emergían en el encuentro con sus pacientes. Juntos, reflexionaban y experimentaban nuevas formas de abordar el sufrimiento humano.

Descubrieron que, al atender directamente a las tensiones corporales y a las fijaciones mentales —poniéndolas en primer plano, haciéndolas visibles y vivenciales—, era posible acompañar al paciente hasta el núcleo mismo de su conflicto.

Contaba Laura:

Cuando le acompañábamos a decir «me estoy tensando», «estoy entrando en rigidez», «estoy deteniendo mi respiración», esas frases abrían a menudo puertas por las que emergían emociones y recuerdos. A eso lo llamábamos entonces «terapia de concentración», para marcar distancia con los enfoques interpretativos o meramente asociativos. Hacíamos, sin saberlo, lo que años más tarde Gendlin llamaría *focusing*.

Lo esencial no era explicar, sino *estar con*, dar cuerpo a lo que ocurre en el instante, y permitir que la experiencia se revele desde dentro.

El «aquí» y el «ahora»

Fritz y Laura Perls concibieron el trabajo terapéutico no como una técnica, sino como una forma de estar. Su énfasis en la experiencia inmediata, en el cuerpo y en la conciencia del momento, conecta con las corrientes existencialistas y con ciertas prácticas filosóficas y espirituales que valoran la atención al presente. Frente a una psicología que tendía a analizar desde fuera, ellos propusieron habitar el proceso desde dentro. Este enfoque, que se resume en el lema «aquí y ahora», no implica olvidar el pasado ni desentenderse del futuro, sino sostener la conciencia en el único punto donde la vida ocurre realmente: el presente. Lo que sigue desarrolla esa visión, y traza el vínculo entre atención, impulso vital y salud psíquica.

El concepto de «aquí y ahora» se alinea con las filosofías existencialistas. Ambos conceptos pueden pensarse como un eje de coordenadas: *aquí* sería el eje de ordenadas (espacio), y *ahora*, el de abscisas (tiempo).

Respecto al tiempo, define como real solo a lo que sucede en el presente: solo puedo relacionarme conscientemente con aquello que ocurre *ahora*.

Respecto al espacio: es real lo que sucede donde estoy. Recordar o anticipar son actos reales, sí, pero su ocurrencia es presente. Lo que recuerdo fue algo que viví, pero su revisión sucede aquí y ahora. Y lo que anticipo será, eventualmente, futuro, pero la imagen que proyecto —la idea que construyo— es una experiencia del presente.

Vivir en el presente no significa negar el pasado, ni el porvenir, sino acogerlos como partes activas de la conciencia actual. Implica incorporar los recuerdos del pasado para afinar mis respuestas de hoy. Implica prestar atención a los presagios o intuiciones que surgen, y con ello ajustar mis decisiones actuales. Una persona con el presente como punto de referencia está libre: libre para volver la mirada atrás o hacia adelante, según lo exija la situación.

Perls, desde su existencialismo en práctica, encontró —más que descubrió— una forma de estar en el mundo que Occidente, y en particular la psicología académica, había descuidado. Insistió en sus conferencias que no inventó ninguna teoría, sino que dio con una experiencia: el *estar presente*. Conciencia objetiva o conciencia subjetiva plena, da igual cómo se le llame: lo que surge es un *estar* incompatible con la neurosis.

Lo neurótico actúa como una fuerza que disgrega. Fragmenta la atención al colocar delante del yo una serie interminable de estímulos —rápidos, parciales, inconexos— que demandan respuesta simultánea. Es como si el sujeto intentara atender a todos a la vez, creyendo, erróneamente, que entre ellos hay un sentido oculto que podría descifrarse si se mantuviera en ese esfuerzo continuo.

Pero no es solo la atención lo que queda fracturado: también la vivencia, y con ella, la percepción de identidad. Y esto ocurre a través de los mismos movimientos internos: una atención dividida, un yo que se disgrega intentando abarcar más de lo que puede integrar.

Pongamos un ejemplo: puedo sentirme, en un momento dado, estimulado a emprender algo. Si me escucho, si me apoyo en ese impulso, si me dispongo y me preparo, comienzo a actuar. Entonces atravieso un ciclo completo: ascenso, culminación, descenso, y finalmente integración. Es lo que se conoce como una *gestalt completada*, que concluye en un punto cero, un nuevo equilibrio. Un paso más en el camino de la autorregulación.

Pero lo que suele suceder es otra cosa. Diez mil estímulos —mentales, emocionales, ambientales—, se interponen. Me llaman, me tientan, me arrastran fuera de mí. Me distraen del impulso original. Dejo de atenderme. No me apoyo. No me preparo. No actúo. El impulso, que era sano, se interrumpe. Y el siguiente también. Y el que viene después. Uno tras otro, van quedando sin completar, sin resolver, sin cuerpo.

Así, poco a poco, me acostumbro a no llegar. A no concluir. A no confiar en mis impulsos. Mi identidad misma se fractura en esa secuencia de inicios abortados.

En cambio, en el ahora, esos diez mil estímulos pierden fuerza. En el ahora, la atención puede recuperar su centro. En el ahora, se abre paso el impulso genuino, la autorregulación organísmica que sabe por dónde ir.

En el ahora está todo. Incluido lo sano.

Laura y Fritz Perls invitan a sus pacientes a percibirse a sí mismos. A estar presentes en lo que sienten, en lo que hacen, en lo que son. No desde la explicación, sino desde la experiencia directa.

«Hagamos un experimento», proponen. «Tal vez nos ayude a entender mejor. Intente, durante cinco o diez minutos, construir frases que comiencen con aquello de lo que usted es consciente en este momento. Empiece cada frase con las palabras ahora, en este momento o aquí y ahora».

Lo que surge no tiene que ser profundo ni elaborado. Basta con registrar lo que está presente:

- Aquí y ahora siento tensión en los hombros.
- Ahora me doy cuenta de que tengo frío.
- En este momento me estoy distrayendo.
- Aquí y ahora no entiendo qué quiero decir.

Este ejercicio simple —y aparentemente banal—, tiene una potencia insospechada: devuelve al cuerpo, al instante, a la conciencia viva. Interrumpe el automatismo, frena la dispersión y permite que algo nuevo se perciba. Como si, al nombrar lo que hay, se despejara el espacio para que algo más pueda emerger.

No quiero que usted me explique lo que le está pasando en términos de otra cosa. No me diga: «me pasa esto porque soy así», o «porque me ocurrió tal cosa», o «porque temo que…». Al explicarse así, lo que hace es superponer una causa remota, un miedo como motor, un propósito ya inoperante, obsoleto. Un «la culpa es de…» que actúa como veneno: un veneno letal para la autorresponsabilidad y la autonomía. La autonomía desnuda. La libertad auténtica, esa para la cual la palabra libertad fue alguna vez pronunciada con todo su sentido.

El ahora es un espacio infinito. No excluye nada de lo que hay. Todo lo que existe, lo que se produce, lo que se siente, tiene cabida en él. Y sin embargo, es tan instantáneo, tan fugaz, que no puede alojar realidades irreales. No hay sitio para los «y si…» ni los «de haber obrado de otro modo…», esas repeticiones fantasmales que solo surgen en la sucesión ilusoria del yo neurótico.

En el espacio real, simplemente no están. Son *flatus vocis*: palabras vacías, ecos sin cuerpo. Nada más que humo.

«Aquí» tiene la medida exacta de los espacios de nuestros sueños. La acción soñada transcurre en un escenario concreto: una calle, un bosque, un edificio… y quien ha soñado retiene algunas imágenes características de ese espacio. Vayamos con ellas:

«Soy una calle… esta calle. Casi sin gente, con las puertas de las casas abiertas, cuesta arriba…»

«Cables entre las casas…»

«Cama muy grande…»

«Bosque lleno de carteles…»

«Bosque de arbustos metálicos…»

Aparecen muchos detalles distintivos: altura, techos (¿sí o no?), texturas, edades, colores... Y, a medida que quien sueña va dibujando ese espacio y se identifica con él —con el «yo soy tal espacio»—, entra, sin necesidad de esforzarse, en el presente.

Entra en el *aquí*. Y con ello, en el *ahora*.

Aquí: eje de ordenadas. *Ahora*: eje de abscisas.

Les invito a equiparar la consigna «aquí/ahora» con la cruz como símbolo. Pero no con la cruz del cristianismo, no con la que remite a «cuando se le crucificó a él», sino con la cruz de ahora: la que representa cómo yo me encuentro aquí, en este preciso instante. Un punto perpetuamente móvil de intersección, donde ahora es aquí y aquí es ahora. Tanto en la pasión como en la gloria; en lo que arde, como en lo que nace.

Terapia Gestalt: cómo trabaja los sueños

Durante años, Fritz Perls soñó al modo freudiano. O más bien, aprendió a escuchar los sueños con el oído del psicoanálisis clásico: como mensajes velados, cargados de símbolos, como una carta escrita por el inconsciente que solo podía ser descifrada por el analista experto. Aprendió como terapeuta y como paciente que en los sueños había deseos reprimidos, restos diurnos, representaciones desplazadas y condensadas que remitían, casi siempre, a la infancia y a la sexualidad.

Aprendió a leer lo oculto bajo lo aparente.

Pero algo en él —y también en Laura—, empezó a sentirse incómodo con ese rol de intérprete omnisciente. Algo no cuadraba del todo. No era una objeción teórica, sino vivencial. Fritz veía que muchos pacientes traían sueños a la sesión pero no cambiaban sus vidas. Volvían a soñar lo mismo. O no se conectaban emocionalmente con lo que se decía del sueño. O decían que sí, que entendían, pero no sentían nada. El símbolo explicado no tocaba el centro.

Fue en ese malestar, en esa grieta, donde se empezó a gestar una nueva manera de mirar los sueños. Una forma que no los tratara como acertijos, sino como escenarios existenciales, como una representación directa de lo que estaba ocurriendo en el presente emocional del soñador. No como un archivo a descifrar, sino como un espejo vivo.

Fritz y Laura dejaron de ver el sueño como un relato del inconsciente reprimido y comenzaron a mirarlo como una puesta en escena de partes de la personalidad fragmentadas, negadas o proyectadas. Cada objeto, cada figura, cada paisaje: todo era parte del soñador. Ya no se trataba de preguntar qué significa soñar con una serpiente. Se trataba de convertirse en la serpiente, de hablar como ella, de habitarla con el cuerpo y la voz, y de a través de su piel sentir la textura y la temperatura del pavimento y…. Y al hacerlo, no solo emergería el contenido emocional reprimido, sino también una posibilidad de integración, de totalidad.

Fritz lo formuló con radicalidad: «Cada parte del sueño eres tú. El perro eres tú. La sombra eres tú. La ventana eres tú. El que mira y el que es mirado: todo tú».

Freud y el reparto múltiple

Entre las mil páginas de *La interpretación de los sueños*, Freud desliza una observación que muchos de sus propios seguidores pasarán por alto: «A través de la identificación, el histérico representa todos los papeles de una obra dramática con sus medios personales».

Y en nota marginal apunta: «Los animales o personas que pueblan el sueño no son figuras externas: encarnan fragmentos del yo que toman cuerpo para dramatizar un conflicto».

Este hallazgo, más teatral que hermenéutico, quedará semioculto bajo la avalancha de simbolismos que pronto caracterizará al freudismo popular. Años después lo rescatará Perls, subrayando: «No traduzcas al personaje; *sé* el personaje».

Esto rompía de raíz con el modelo freudiano. Ya no era necesario un experto que dijera «esto representa a tu padre» o «esto es una expresión simbólica de tu deseo edípico». Ahora el terapeuta acompaña al paciente a experimentar, en lugar de a interpretar. A encarnar lo soñado, en lugar de a explicarlo. La comprensión surge del cuerpo y de la voz, no del análisis lógico. Lo importante no era entender el sueño, sino experimentarlo en el aquí y ahora.

Con su enfoque más relacional y fenomenológico, Laura Perls profundizó aún más en esta visión. Observaba cómo el paciente cambiaba cuando hablaba desde el sueño. Cómo se modifica su postura. Cómo aparecían emociones nuevas. Cómo se activaban recuerdos o gestos no conscientes. Ella intuía que los sueños eran también una forma de contactar con lo no vivido, con lo que la persona aún no podía decirse a sí misma. Fue también ella quien defendió que el trabajo con sueños debía hacerse en contacto con el otro. No en soliloquio, sino en diálogo. El sueño no era un texto que descifrar en solitario, sino una experiencia a revivir en un espacio de encuentro. De presencia. De resonancia.

Y fue así como, de manera progresiva, Fritz y Laura se separaron del sueño freudiano para acercarse al sueño gestáltico: no como un símbolo, sino como una figura emergente que pide completarse. No como un producto del pasado, sino como una expresión urgente del presente.

Trabajando con sueños, descubrieron que los personajes que más miedo daban representaban a menudo partes rechazadas del yo; que los escenarios repetitivos hablaban de bloqueos no resueltos en el presente y que si se los vivía con el cuerpo y no solo con la cabeza, los sueños podían ser una vía rápida y directa al núcleo emocional del conflicto.

Este cambio fue radical. El sueño dejó de ser un material para el análisis y se convirtió en una puerta a la integración. Y en esa transformación, no solo cambió la técnica: cambió toda la filosofía del acompañamiento terapéutico. Lo que antes era *interpretar*, se volvió *diálogo*. Lo que antes era «buscar el significado oculto» se volvió «contactar con lo que está ocurriendo ahora mismo». Lo que antes se hacía desde la distancia neutral, ahora se hacía desde la implicación presente.

En Gestalt, el sueño, para ser útil, no necesita ser entendido, sino ser vivido, dicho en voz alta, encarnado y sentido. Porque lo que el sueño trae no es una verdad escondida, sino una parte que quiere volver a casa.

Y ese, quizás, fue el mayor gesto de amor de los Perls hacia el ser humano soñante: devolverle la posibilidad de encontrarse en su propio teatro interior, sin necesidad de traductores.

En la terapia Gestalt, los sueños no se interpretan como mensajes cifrados que remiten a estructuras del pasado, sino como puertas abiertas al presente. La propuesta no es buscar causas ocultas en la infancia, sino revivir lo soñado aquí y ahora, con todos los sentidos despiertos. El sueño se convierte en una escena viva, donde el cuerpo, la emoción y la palabra se activan al servicio de la conciencia.

Se trata de una práctica que estimula simultáneamente la introspección y la expresión. En este enfoque, la atención no es solo un recurso técnico: es un principio vital.

Claudio Naranjo lo decía con claridad:

> La atención es mucho más que un medio para descubrir algo: es un factor de la propia salud. Se puede decir de la Gestalt que afina el arte de restaurar la capacidad de atención, de estar en el aquí y el ahora. Que no se trata de estar en el presente solo para entender algo del pasado, sino para poder quedarme aquí y ahora. Es un fin en sí mismo, como un derecho, algo que pertenece a la salud y merece ser devuelto al ser humano.

Estar en el presente no es una estrategia para descifrar el ayer, sino una forma de devolvernos a nosotros mismos. Vivir el presente con atención plena permite que lo pasado y lo futuro participen de forma activa en la conciencia actual. Implica incorporar los recuerdos para afinar nuestras respuestas de hoy, y escuchar las intuiciones que surgen para orientar nuestras decisiones.

Uno de los mecanismos más comunes que aparecen al trabajar con sueños es la proyección: atribuir al entorno aquello que no queremos reconocer como propio. Lo que me irrita de mi cuñado, lo que me impacienta de mi hermana, lo que juzgo de una amiga… todo eso puede estar revelando partes de mí que prefiero mantener a distancia. Al acto de reintegrar esas partes y asumirlas se lo conoce, en Gestalt, como *responsabilizarse*.

Mientras la persona no se responsabiliza, permanece atrapada en una evasión del presente. Los Perls solían detectar estas fugas —estas interrupciones del contacto— y utilizaban la confrontación como técnica: no para agredir, sino para provocar un darse cuenta. Sabían que detrás del parloteo había zonas muertas, y que solo atravesándolas era posible acceder a una experiencia genuina de integración.

Y a veces lo más significativo no es lo que está presente, sino lo que falta. Soñamos con un lago sin agua. Un funeral sin difunto. Un palio sin imagen sagrada. Tales ausencias no son casuales: pueden señalar huecos en la personalidad, aspectos relegados, partes excluidas del sí-mismo.

Al principio, esta noción de «lo que falta» puede resultar desconcertante. ¿Cómo saber si algo falta en un sueño, si los sueños pueden contener —o no contener— cualquier cosa? Con el tiempo, descubrí que algunas omisiones eran tan elocuentes como una presencia. Aprendí a prestar atención a esas ausencias, no solo de objetos, sino también de vínculos, escenas, relaciones. Porque en esas zonas de exclusión a menudo habita lo que más necesita ser integrado.

En definitiva, trabajar con sueños desde la Gestalt no trata de analizar símbolos, sino de vivir la experienca del sueño con la atención desplegada.

Lo que importa no es tanto lo que significa el sueño, sino lo que hace sentir. Y lo que ese sentir despierta puede ser el principio de un cambio verdadero.

Hay ausencias que hablan por sí mismas: una figura clave que no está, una palabra que no se pronuncia, una acción que nunca llega a ocurrir. Ese «vacío» no es un error ni una omisión trivial, sino una parte activa del campo onírico. Atender a lo que falta —a lo que fue excluido, postergado o negado— puede abrir el acceso a zonas esenciales de la experiencia que no encontraban otra vía de expresión.

Veamos algunos ejemplos de sueños en los que esa falta se hace presente como un mensaje crucial.

Sueño sin manos y en silencio

La soñadora se encuentra en una sala inmensa y vacía. Al fondo, hay un hombre. Se desplaza hacia él con majestuosidad, y se abrazan. Es un abrazo estrecho, firme, perfectamente acoplado, que dura horas. No ocurre nada más. Solo ese contacto sostenido, esa fusión callada. Los sentimientos de ambos son intensos, persistentes, como un no-orgasmo con la potencia de un interminable sí-orgasmo.

—Empieza entrando en ese sentimiento del abrazo.

—Lo siento plenamente, y quiero seguir en él.

—Siente tu respiración, tu cara, tu arraigamiento en la tierra, tus brazos, tus manos...

—¡Ah! No tengo manos. Llego hasta las muñecas, pero las manos no están.

—¿Qué sucede con ellas?

Tras un rato de exploración, las encuentra, ordenadamente posadas en un rincón de la sala.

—Sé ahora esas manos.

—Aquí estamos, sin hacer nada en especial. Esperamos a que se nos reclame. Estamos inertes, detenidas, eso es todo.

—Mirad, manos: intentad entrar en relación una con la otra.

—Es que... somos como empleadas. Esperamos a que la señora nos mande llamar.

—Bueno, y si esto fuera a durar mucho... ¿qué haríais?

Las manos se tocan suavemente durante un rato. Ese contacto se vuelve juego. Y el juego, movimiento. Poco a poco, van entrando en actividad. Ese gesto simple rompe el estatismo de toda la escena: la pareja inmóvil empieza a separarse. Una vez separada, ella ya no se siente igual. Ya no desea volver al abrazo.

Despierta a la vigilia poco a poco, dándose cuenta de que las manos contenían toda la acción. Se ve dividida: por un lado, ella, sin manos; por otro, las manos, solas. Percibe que incluso en sus sueños se repite lo mismo: vive —y se describe— haciendo compulsivamente. Manipulando, trabajando, gesticulando, sin lugar ni momento para detenerse y simplemente no hacer.

Y para poder entregarse, por fin, a ese descanso sentido, a esa entrega sostenida que empezaba y no terminaba, fue necesario que se despojara de las manos. Que las dejara, sin siquiera ayuda, bien recogidas a un lado.

Como decía Fritz Perls en sus seminarios sobre trabajo con sueños:

> Fíjense en lo que falta; trabajen sus sueños con alguien que esté atento al momento en que ustedes empiezan a evitar. Entender un sueño significa, en realidad, darnos cuenta de cuándo estamos evitando lo obvio.

Estas observaciones, formuladas en un lenguaje directo, resumen con precisión la actitud gestáltica: atención al presente, confianza en la experiencia del paciente, y respeto por el ritmo interno de la conciencia.

Otro caso de sueño donde falta algo

Esto sucedió durante una muestra pública sobre el trabajo gestáltico con sueños. Una mujer se ofreció a compartir el suyo: cada noche —casi todas las noches, desde hacía quince años— soñaba lo mismo. Cuando todos dormían, bajaba por unas escaleras

—que no existían en su casa—, hasta una especie de bóveda de ladrillo. Ese espacio le transmitía seguridad, pero también incomodidad. Dentro, un canal o río subterráneo fluía de izquierda a derecha. Le temía, pero también lo deseaba. Quería y no quería saltar al agua. Y eso era todo.

Ante el público mostró timidez y falta de aplomo, pero también una honda necesidad de entender. Procuró seguir cada indicación. Cerró los ojos y, desde su imaginación, bajó lentamente por las escaleras. Entonces advirtió unas ventanas que no había mencionado antes: tan sucias que apenas dejaban pasar la luz, tanto que parecían más parte del muro que ventanas reales.

Se acercó a la orilla, se arrodilló, e intentó mojarse las manos en el agua. Le fue imposible. Cada vez que lo intentaba, el agua se retiraba. No podía zambullirse. No podía beber. Solo mirar y oír.

Aprovechando la libertad del sueño, yo le propuse que volara sobre las aguas, primero hacia la desembocadura y luego hacia el nacimiento. Lo hizo, pero al volver contó que la bóveda se extendía indefinidamente. No había luz al final del túnel. Ni en una dirección ni en la otra.

Siguió intentándolo. El público se impacientó. Varias personas intervinieron con propuestas:

—¡Conviértete en el agua!

—¡Haz que la bóveda sea tu cavidad torácica!

—¡Salpícate!

Ninguna de aquellas sugerencias precipitadas le condujo a un *insight*. Les pedí que se contuvieran. Mantuve el *tempo*. Tras una hora de exploración —diálogos entre partes, reapropiaciones, vacilaciones—, y tras consultarle, decidimos dar por concluida la sesión.

Pero aún no había terminado.

Al salir, la mujer me esperaba en la puerta. Dimos un paseo y conversamos. Tras cinco minutos, exclamó, con una mezcla de sorpresa y fastidio:

—¡Ya sé lo que quería decir mi sueño! Me está diciendo que «no me mojo». ¡Desde hace quince años que no me mojo!

Tan literal como eso. Luego, me habló de su vida de abnegación junto a una pareja con la que ya no había amor. De sus muchos hijos. De cómo siempre cedía su espacio, posponía sus deseos. De cómo asistir a aquel taller había supuesto un escándalo doméstico. Su «no me mojo» era un grito de esa mitad de sí misma que llevaba años fuera de juego. Lo dijo con enfado: como si ya se lo hubiera dicho mil veces a alguien que no escuchaba.

El mensaje era claro. Y la fuerza de su censura, también. La transcripción de esa sesión sería poco interesante: lenta, sin avances espectaculares, aparentemente fallida. Pero la tenacidad fue decisiva. El hecho de no verse forzada a ir más rápido de lo que podía le permitió llegar a una zona emocional desde la que pudo ver el cuadro completo.

Era alguien que, cuando todos dormían, descendía a un lugar solitario —no cómodo, pero sí fuera del alcance de las miradas—, y allí, cada noche, deseaba sumergirse. Anhelaba entregarse a su corriente vital. Pero, noche tras noche, postergaba la zambullida.

Recuerdo aquel trabajo como uno de esos momentos poco frecuentes en los que todo confluye: la disposición de la paciente, la contención del espacio, el silencio del grupo. Ella era una mujer tímida, ajena al círculo de ponentes y figuras destacadas del congreso. Salió a trabajar empujándose a sí misma. No tenía garantías de nada: ni de poder avanzar en la comprensión del sueño, ni de que su exposición resultara interesante para los demás. Y sin embargo, decidió hacerlo.

Durante casi una hora, sostuvo su no saber. Yo también sostuve: sin intervenir de más, sin apresurar el proceso, sin ponerle palabras a lo que todavía no había surgido. Y al final, ya fuera de la sala, cuando caminábamos al aire libre, surgió la comprensión: su sueño le hablaba —de forma insistente y dolorosa— de una vida en la que había dejado de mojarse. En la que había aprendido a no entregarse. Y esa frase, tan sencilla, tan suya, condensó el sentido del trabajo que acabábamos de hacer.

Ahora bien, ¿por qué fue posible esa comprensión? Porque hubo escucha. Pero no cualquier tipo de escucha. Sino una escucha activa.

Escuchar activamente no significa estar callado mientras el otro habla. Significa prestar una atención plena y sostenida a lo que está ocurriendo: a lo que se dice y a lo que no se dice, a los matices del tono, a los gestos, a las pausas, a las emociones que emergen sin nombrarse. Implica dejar en suspenso la interpretación inmediata, el consejo, la prisa por cerrar sentido. Escuchar activamente es acompañar un proceso sin apurarlo, y al mismo tiempo sin distraerse. Es estar disponible para el otro sin ocupar su lugar. Es notar cuándo alguien se aleja de lo que siente, y tener la paciencia de no señalarlo con dureza, sino de facilitarle el camino de regreso. Es sostener la incógnita sin ansias de resolverla.

En el trabajo con sueños, esta actitud es esencial. Porque hay momentos en que el soñador se aleja del foco, se dispersa o se protege. Y hay otros en que algo profundo se está gestando, aunque aún no tenga forma. Si el terapeuta interrumpe ese proceso con una interpretación prematura —aunque sea brillante—, puede romper la conexión que se estaba tejiendo entre el paciente y su experiencia.

Fritz Perls lo decía así:

El único peligro en este estilo de trabajo consiste en que el terapeuta llegue al rescate demasiado pronto y diga lo que está ocurriendo, en lugar de ofrecer al paciente la oportunidad de descubrirlo por sí mismo.

Por eso insistimos tanto: en el trabajo con sueños, escuchar no es pasividad. Es un acto. Un acto terapéutico en sí mismo. Porque cuando alguien se siente verdaderamente escuchado, algo cambia. Aparece una verdad que no puede imponerse desde fuera, pero que aflora con fuerza cuando encuentra espacio, atención y respeto.

Ese día, aquella mujer se escuchó. Y lo hizo, en parte, porque alguien estuvo ahí, con ella, sin decirle lo que tenía que ver, pero sin apartarse. Eso es escucha activa.

Eso es terapia.

La emoción como guía

Si en psicoterapia vamos a tomar un sueño como recurso, es esencial sintonizar con la emoción con la que la persona se despertó.

PAOLO QUATRINI

Este apartado desarrolla cómo y por qué partir de la emoción al trabajar un sueño. Incluye un caso completo trabajado en vivo por el inmenso Paolo Quatrini, y también reflexiones clínicas, y aportes teóricos de Lichtenberg, Allan Hobson y Karen Horney.

Un caso clínico

SOÑADORA: Yo estaba en la vereda y a mi derecha había una puerta grande de entrada a un edificio; al frente había una línea de autos estacionados, de color negro, y a mi izquierda se estaciona una ambulancia. Cuando la veo llegar, me veo bajando por la puerta de atrás. Entonces, a medida que me acerco a mí misma y me voy mirando, una voz me dice: «Viene para que la acompañes a morir, son sus últimos días». Y ahí termina el sueño.

QUATRINI: ¿Con qué estado de ánimo?

S: Sentí mucha angustia y me dije: «tengo que empezar a trabajar porque debo estar muy enferma y me voy a morir pronto».

Q: Te despiertas con mucha angustia. ¿Qué quieres hacer?

S: No sé… (risas)

Q: Tienes que elegir, no que saber.

S: Bueno, quiero liberarme de esta angustia.

Q: De acuerdo. Entonces, quieres liberarte de esta angustia. Pero espera un poco: ¿qué es lo que te da angustia?, ¿de dónde sale la angustia dentro del sueño?

S: De que me voy a morir, se acabó el tiempo…

Q: Eso te angustia. ¿Qué te falta para perder esta angustia? Tu angustia es miedo, y el miedo se disuelve cuando aparece una defensa. ¿Qué sería una defensa bastante fuerte ante esta angustia?

S: Soltarme. No importa que me muera; si viene, que venga.

Q: Esa es una posibilidad: la aceptación de la muerte. ¿Es la única posibilidad o hay otra?

S: Para la muerte, no se me ocurre otra.

Q: Para el sueño, no para la muerte.

S: Soltar la angustia del sueño.

Q: Exacto. Una posibilidad sería aceptar la muerte. Otra, sería considerar que es un falso anuncio. ¿Cuál te resulta más fácil?

S: Que fuera un falso anuncio.

Q: ¿Y podría ser un falso anuncio?

S: Sí, podría ser.

Q: ¿De dónde sacas esa idea?

S: De que no me voy a morir completa. Porque si vengo yo para que me acompañe a morir, quiere decir que también estoy viva para acompañarme.

Q: Yo lo sacaba del hecho de que estás viva ahora, hablando conmigo. (risas) ¿Qué te dice que el anuncio es verdadero?

S: Que todos podemos morirnos...

Q: Sí, pero eso no es lo mismo que un anuncio interno. ¿Qué te falta para no creerle a esa voz?

S: Hay muchas cosas muy vivas dentro de mí, más que nunca.

Q: ¿Eso alcanza como defensa?

S: Sí.

Q: ¿Qué pasaría si le dijeras a esa voz: «No me voy a morir, me siento más viva que nunca»?

S: (se estremece, baja la cabeza, llora).

Q: Parece que eso te conmueve. Casi como si sintieras culpa o vergüenza por estar tan viva. O, tal vez, como si estuvieras sintiendo vivamente tus impulsos de vida.

¿Por qué empezar por la emoción?

Porque es lo más estable y confiable que nos deja un sueño al despertar. Las imágenes se desvanecen. El escenario se olvida. Pero la emoción —cuando es intensa— permanece.

Las emociones no son obstáculo para comprender un sueño; son su puerta de entrada. Son respuestas automáticas del organismo ante lo que vivimos, incluso si lo vivido ocurre en el sueño. Como dice Paolo Quatrini: «La emoción contiene y protege el contenido».

A menudo, con solo recuperar el tono emocional que quedó al despertar, el trabajo con el sueño ya puede comenzar. Incluso cuando no recordamos más que un fragmento o nada en absoluto.

Hobson, tras estudiar años sus propios sueños, decía: «Mis motivos no están disfrazados; son revelados por el sueño. Para entenderlos, solo hace falta atención, no interpretación».

Y Karen Horney propone interrogar no solo el contenido de un sueño, sino los sentimientos del soñador hacia cada parte: ¿cómo te sientes ante lo que ocurre? ¿Esos sentimientos te suenan más reales que el personaje que muestras durante el día?

Estar en el sueño

Jean Cocteau, en su diario *Opio*, escrito a los cuarenta años, relata que un día, mientras se acercaba caminando a la casa donde habían vivido sus abuelos, decidió no pasar de largo como solía hacer, con paso nervioso y pensamientos apurados. En cambio, se propuso hacer un experimento.

Se detuvo frente a aquella casa que tantas veces había visitado de niño y, desde allí, comenzó a andar despacio, siguiendo su antiguo camino hacia la escuela, atento a sus sensaciones. Pero no ocurrió nada especial.

Entonces se le ocurrió una idea: recorrer la acera con los ojos cerrados, apoyando el dedo en las paredes, como recordaba haber hecho en su niñez. Lo intentó. Tampoco esa vez surgió nada en particular.

Pero no se rindió. Pensó que, de niño, era mucho más bajo, y que su dedo infantil habría seguido un recorrido distinto: dos palmos más abajo del que acababa de marcar con su dedo adulto. Así que corrigió la línea imaginaria, se agachó para alcanzar aquella altura precisa, colocó el dedo al inicio del muro y echó a andar.

Luego, diría: «Gracias a una simple diferencia de nivel, y por un fenómeno semejante al roce de la aguja sobre las asperezas de un disco de gramófono, obtuve la música del recuerdo y volví a encontrarlo».

De pronto, todo estaba allí, nítido y entero: su capa, el cuero de la cartera escolar, los nombres de sus compañeros y maestros, ciertas frases exactas que él mismo había dicho, la cubierta jaspeada del cuaderno de apuntes, el timbre de la voz de su abuelo, el olor de su barba, las telas de los vestidos de su hermana y de su madre cuando lo recibían los martes. Todo el mundo de su infancia, reconstituido por un solo gesto exacto.

Irvin Yalom señala que a menudo pide a sus pacientes que repitan el relato de un sueño, y observa que, al hacerlo por segunda vez, suelen aparecer detalles significativos que no surgieron en la primera narración. También ha comprobado que contar el sueño en tiempo presente intensifica la conexión emocional con lo soñado.

Cuando hacemos esto, estamos proponiendo algo muy parecido a lo que hizo Cocteau.

El primer relato equivale al momento en que él se detuvo frente a la casa de su infancia, interrumpiendo su rutina diaria, abierto a la posibilidad de que algo pudiera revelarse si le prestaba suficiente atención.

En la segunda ocasión, Cocteau incorporó un gesto: bajó la mano y recorrió las paredes con el dedo, como lo hacía cuando era niño. Así introdujo un elemento que lo aproximaba a la vivencia arcaica, y lo hizo prestando más atención al paisaje, a la altura, a la textura. Gracias a esa pequeña corrección, su percepción se volvió más precisa, más afinada, y pudo darse la ocasión de revivir algo que yacía en su memoria profunda.

A la tercera vez —como sucede con algunos sueños, cuando se trabajan con suficiente presencia—, se estableció el puente entre el buscador y el tesoro. Y el tesoro se reveló, ofreciéndole mucho más de lo que él hubiera podido esperar encontrar.

Escuchemos, pues, el segundo relato, que casi siempre es más lento, más extenso, y no es raro que incluya episodios o detalles nuevos.

«Repita el relato del sueño, pero esta vez hágalo como si estuviera ocurriendo ahora mismo. En lugar de decir "estaba yendo a casa, había mucha circulación", intente: "Estoy yendo a casa; hay mucha circulación". Cuéntelo como lo hizo antes, pero con este pequeño cambio. ¿Nota alguna diferencia? ¿Sí? ¿Se siente más insegura? Entonces vamos bien».

Que se repita el sueño en tiempo presente no es un simple tecnicismo: es una forma de invitar a la persona a entrar de lleno en la experiencia onírica. No se trata solo de hablar *sobre* el sueño, sino de hablar *desde* el sueño. Este giro en la forma de narrar puede abrir la puerta a nuevas sensaciones, imágenes o comprensiones que antes pasaban inadvertidas.

La psicoterapeuta Mia Leijssen, referente en *focusing*, ofrece una lectura inspiradora del gesto de Cocteau: sugiere que existen espacios internos accesibles mediante un contacto sutil, como el roce de un dedo sobre una pared. Desde esa imagen corporal y precisa, plantea que el trabajo con los sueños se enriquece notablemente cuando las aproximaciones cognitivas se complementan con una exploración vivencial más profunda.

«Nuestras experiencias inmediatas», afirma, «no se dividen en emoción, cognición, palabras o movimientos musculares, sino que se presentan como una percepción directa de la complejidad de la situación, una vivencia que integra todos esos factores a la vez».

Esta integración es lo que buscamos cuando proponemos formas de relato que no solo informen, sino que activen: que nos acerquen a la experiencia con todos los sentidos despiertos.

Muchos pacientes, al hablar de sus sueños, no cuentan la historia completa de forma espontánea. Suelen ir directamente al clímax, a la escena más impactante o angustiante, a identificarse con el contenido emocional más intenso. Van, por así decirlo, a mostrar su agobio por la catástrofe.

Por eso es importante no apresurarse, no permitir que la urgencia por comprender reemplace la posibilidad de vivir la experiencia. Se trata de acompañarlos a permanecer un poco más allí, en lo que aún no se ha dicho del todo, en lo que no se comprende de inmediato. Una manera sencilla de invitar al nivel de la sensación sentida —ese lugar donde lo emocional, lo corporal y lo simbólico se entrelazan—, es con una pregunta directa y suave: «¿Cómo se sienten esos pensamientos en tu cuerpo?».

Esa simple pregunta, bien situada, puede abrir el proceso de forma inmediata y profunda. Como el dedo de Cocteau recorriendo el muro, a la altura justa, en el momento justo.

El papel que desempeña la cognición no puede evaluarse únicamente desde la propia cognición. El cliente necesita entenderse, desde luego que sí. Lo mismo que necesita aprender a sentir también desde un lugar experiencial. Y el terapeuta, por su parte, ha de cultivar la capacidad de esperar, de sostener el silencio, de estar presente ante lo que todavía no se ha formado, lo que aún no encuentra forma ni palabras. En una actitud de receptividad profunda, de escuchar con una atención gentil y abierta, honrando y confiando en esa sabiduría que habla a través del cuerpo, incluso cuando aún no sabemos qué está diciendo. Es precisamente allí donde empieza a notarse la diferencia con lo que puede alcanzar la cognición por sí sola. Y también donde podemos reducir, en lo posible, el riesgo que señalaba Jennings:

> Cuando el análisis de un sueño se centra en uno o más de sus aspectos particularmente sobresalientes, contextos cruciales de significado nunca antes expuestos, lamentablemente, se perderán.

Soñando, aparecen materiales insolentes y caóticos que recogen, en sus relatos, tanto los impulsos que aplicamos mecánica e incesantemente, como aquellos que nos tenemos prohibidos. Por eso los sueños resultan tan útiles. En algunos de ellos, digo: «no», y me veo diciéndolo. Nos despertamos asombrados porque, en el sueño, se nos ha visto acometer conflictos de formas impensadas: negándonos a lo que se nos pide, bombardeando poblaciones, cruzando la plaza en pelota picada, sin un gramo de vergüenza, más allá de la culpa bochornosa que nos lastra durante la vigilia.

En esa escucha abierta no solo emergen emociones no expresadas, sino también las formas en que el soñador se censura, se juzga o se avergüenza de lo soñado. Una línea de abordaje consiste, justamente, en invitar al soñador a que se haga presente en el episodio que está recordando, y se reconozca como responsable —lo cual no es, de ningún modo, lo mismo que culpable— de lo que ocurre en su sueño.

No se trata de forzar una identificación incondicional entre quien sueña y el guión que recuerda. Nadie debería sentirse pura masacre solo por haber soñado que, con una ametralladora, acababa con cien mil campesinos. (Este caso, por cierto, le tocó a Fritz Perls). Lo que los Perls buscaban no era un juicio, sino una vivencia: que la experiencia de enfrentarse a esos enemigos devolviera al soñador el sabor real de su capacidad de defensa, de su fuerza vital, de su agresión legítima.

Porque, incluso en su forma más grotesca, el sueño puede ofrecernos un acceso directo a aspectos nuestros que no se dejan ver a la luz del día, aunque nos constituyen de forma profunda.

Llevamos implantados chips de censura: normas morales, prohibiciones rituales, mandatos de obediencia que se nos insertan en capas muy hondas. Para que funcionen, deben estar recubiertos por una capa tóxica lo bastante espesa como para resistir cualquier intento de cuestionamiento. Uno de esos implantes llevó por nombre «ir al infierno eternamente». Puede sonar a amenaza infantil, pero sé por experiencia —y no soy el único— que, introducido en el momento preciso, a la edad adecuada y por personas investidas de autoridad, ese mensaje logró truncar, durante millones de vidas, la capacidad de rebeldía e incluso la más elemental iniciativa, en nombre de una docilidad ciega.

Tan lejos llegan estos implantes que la culpa por el simple hecho de considerar la posibilidad de activar alguna de esas capacidades se infiltra incluso en los sueños. Sí: hay quienes sienten culpa por soñar. Se avergüenzan de lo que han soñado como si fueran moralmente responsables del contenido onírico. Temen haber hecho mal simplemente por haber soñado algo que contradice los mandatos.

Como recuerda Karen Horney:

Los pacientes temen ser culpables de sus sueños. No hay responsabilidad moral, por supuesto, y no deberían suscitar ningún reproche por nuestra parte. Tenemos que decirles lo necesario para que puedan asumir: «Solo yo soy responsable de mi sueño. Es mi sueño. He de reconocer lo que está y lo que no está en mí».

Nombrar esto en voz alta —asumirlo, saborearlo, respirarlo— no solo disuelve la culpa, sino que abre la posibilidad de mirar el sueño con genuino interés. Con la curiosidad de quien recupera algo perdido y valioso. Con la disposición de quien, poco a poco, comienza a escuchar aquello que su alma intenta decirle mientras duerme.

Ese contacto entre dos fuerzas antagónicas —ya sea entre figuras, emociones o impulsos opuestos— constituye, en sí mismo, el sentido de cada sueño desde la perspectiva gestáltica. No se trata de descifrar símbolos como si fueran códigos cifrados con una única traducción universal. El teórico del psicoanálisis Werner Kemper advierte:

> Los sueños pueden encerrar tal dinamismo y poseer tal fuerza, que jugar con ellos constituye una ligereza censurable; y es una burda falta de responsabilidad movilizar en el soñador, mediante interpretaciones, algo que, si no se sabe dominar ni asimilar completamente, en el mejor de los casos queda desperdiciado sin provecho alguno, pero que también puede volverse contra el soñador mismo y ponerle seriamente en peligro.

La Gestalt no interpreta los sueños atribuyendo a cada objeto un significado simbólico fijo —como ver en una paloma la paz o en una serpiente un falo—. Desde su perspectiva, el sentido del sueño no se descifra, se experimenta. Eso no impide reconocer el valor que pueden tener ciertos símbolos, especialmente cuando forman parte del imaginario compartido por una comunidad. Aun así, el enfoque gestáltico no se basa en sumar significados parciales como si cada elemento fuera una clave suelta. Ese tipo de lectura, más cercana a una técnica mnemotécnica, ya era objeto de burla en los *Ragionamenti* de Pietro Aretino:

> «Soñé que estaba en la mar, y junto a mí un águila, y estaba vestido y llevaba una gran cruz como adorno en la espalda, que yo me la veía…». «Pues la mar significa la sal y los peces, que son cosa buena de tomar de la mar, pero que no siempre se puede uno fiar de sus olas; y el águila es por San Juan, que siendo joven y hermoso, quedó soltero, y la cruz en la espalda es que solo los demás ven tus esfuerzos, y estar vestido…».

No se trata, entonces, de agregar interpretaciones al contenido, sino de acompañar el despliegue vivo del fondo dinámico que lo recorre.

Como vimos en el «Sueño cayendo», se presta atención al movimiento subyacente del relato. Y es posible —y recomendable— invitar a quien lo soñó a interpretar distintos roles, poniéndolos en relación mediante escenas, posturas o diálogos teatralizados que encarnen esa tensión interna.

—Pero —me preguntan a veces—, si un sueño muestra, por ejemplo, un terremoto, ¿dónde están ahí las fuerzas opuestas?

Podemos comenzar suponiendo que una de ellas es la fuerza humana —la de las víctimas, los testigos, los cuerpos vulnerables—, y la otra, una potencia ciega, impersonal, vestida de fuerza universal. Aunque no aparezcan dos personajes diferenciados, siempre estará al menos la figura del observador: alguien que presencia la destrucción y a quien esa experiencia impacta de una manera muy precisa.

Porque hay sueños de destrucción ante los cuales el soñador se mantiene impasible, y otros ante los que se horroriza o incluso se descubre cómplice. Esa variación no es menor: en ella se despliega, precisamente, el conflicto. Aun cuando los elementos del sueño parecen unívocos, lo que revela su tensión más profunda es la manera en que el soñador se posiciona —o se conmueve— ante lo que ocurre.

Lo veremos con claridad en el caso que sigue.

Sueño con exámenes

En sus sueños, se veía sentado en un aula, respondiendo a un examen con desacierto. Muy nervioso. El bolígrafo no escribía, olvidaba los temas, el tiempo no alcanzaba para contestar todo. Se sentía al borde del fracaso, con una mezcla ingrata de humillación, impotencia, vergüenza, culpa y miedo.

Eso recordaba. Explicó después que era relativamente frecuente en él soñar situaciones semejantes, que era un «sueño tipo», que mucha gente soñaba lo mismo. Dijo que significaba «agobio ante decisiones difíciles», y lo contó con el tono de quien recita algo sabido por todos.

El terapeuta propuso representarlo y lo invitó a repartir los roles: él, los otros alumnos, el profesor, el aula... Pero ¿quién, o qué, actuaba como antagonista en ese sueño? No veía a nadie para ese rol. Los profesores, decía, no pintaban nada. Sin embargo, había mencionado «humillación», y se notaba algo duro y fuerte, algo que le hacía agacharse, temblar... Algo aún sin nombre, pero que hacía depender demasiadas cosas del hecho de aprobar o suspender.

—¿Puedes probar a ser el examen?

—Soy el examen —dijo—. Las cosas son así: esta es la situación, y esta prueba tiene que ser aprobada ahora. Y seguirá siendo así hasta la hora prevista. Si no, a la repesca. Lo que tiene que ser, será.

Su voz y su gesto emanaban severidad. Incluso una pizca de superioridad sádica.

—Cuando te metes en ese rol, ¿sientes algo de la inquietud, de la zozobra, de la vergüenza que está sintiendo el del pupitre?

—En absoluto. Soy lo que soy. No hay vacilación. Puro estatus. Ley.

—¿Examinado, cómo ves al examen?

—Como un muro. Impersonal. Me pone a prueba más allá de mis propios límites.

—¿Intentarías decirle eso al examen?

—No. No tengo nada que decirle. No me escuchará. Me reenviará a mi sitio sin remisión. Y aún estaré peor.

—¿Cómo ve el examen al hombre?

—Ni lo miro. Es uno más. Este no es lugar para consideraciones. Está donde tiene que estar. No me preocupa.

—¿Sientes fuerza en el rol del examinado?

—No, ninguna.

—¿Y en el rol del examen?

—Sí. Toda. Tengo la Razón de mi parte. Así son las cosas.

—¿Hay empatía, apertura, interés por los otros? ¿Hay comunicación?

—No. En absoluto. Yo no estoy aquí para eso.

Entonces el terapeuta lo miró y dijo:

—Contaste el sueño diciendo: «soy un examinado en apuros». Y ahora dices: «soy puro estatus, poder». Tu sueño filma, con absoluta claridad, la relación entre ambos yo: uno vulnerable, que se siente pobrecito; el otro, investido de omnipotencia. Tan omnipotente que te cuesta verlo, ni siquiera lo habías representado con otra figura. Ambos se someten con docilidad a las normas vigentes: «así son las cosas, mientras no cambien», decías hace un momento. No hay diálogo entre ellos. Solo un cumplimiento estricto del deber. Aquí gimes ante la inminencia del castigo; allí estás listo para ejecutar la sentencia. Cumpliendo órdenes por encima de los dos: tanto juez inhumano como reo sin defensa.

—Los dos son yo, por lo que veo. Es como si se diesen la espalda o, dicho de otra forma, como si me estuviese dando la espalda a mí mismo.

—Bien. Vayamos al presente: ¿hay algo en tu vida actual que se parezca a esta situación?

Se detuvo. Tardó un poco en responder. Luego dijo que sí. Que efectivamente se sentía agobiado ante decisiones importantes. Solo que, en vez de buscar alternativas, se veía empequeñecerse, entorpecerse, y entonces empezaba a decirse: «no he sido capaz», «me pongo nervioso», «me vengo abajo... como siempre». Aunque sabía que la decisión que estaba por tomar —la de retirarse sin hacer nada— era la peor de todas las opciones, era la que se estaba preparando a tomar.

Pero al mirar todo eso como un problema, como su examen, se permitió algo nuevo: afirmar ante sí mismo que se había esforzado mucho y bien, que quería luchar por la mejor puntuación posible. Tomó contacto, emocionado, con el impulso real de resolver la situación, de reunir sus recursos, de estar con él y para él.

En vez de hundirse una vez más en la mierda, como tantas veces, esta vez algo se había movido. Y lo había hecho desde dentro.

Integrar

Claudio Naranjo propone una forma viva de trabajar con los sueños: habitarlos en el tiempo presente, decir: «Así es mi existencia». No se trata de interpretarlos desde fuera, sino de poner palabras allí donde el sueño calla. Dar voz a los personajes u objetos silentes, permitir que emerja su presencia emocional y su relación con los otros elementos en juego. Y también abrir espacio a lo que no se recuerda: llenar las lagunas de memoria con la materia viva de la imaginación.

Invita, incluso, a una síntesis excepcionalmente personal: «Tú que lo soñaste, ponle un título a ese sueño tuyo...».

A veces, el trabajo onírico requiere ir más atrás del inicio recordado, o más allá del final. ¿Qué pasaba antes? ¿Qué podría haber ocurrido después?

Las reglas de este abordaje incluyen imaginar un prólogo que enlace con la escena recordada, y también una posible conclusión. Esto permite prolongar la experiencia del sueño con gestos, palabras, imágenes o actos simbólicos que la expanden. Poder tratar el sueño como un material moldeable, que admite ser habitado y transformado con la atención activa, tiene parentesco con las terapias que se apoyan en la imaginación activa para ofrecer perspectivas inauditas.

Recuerdo una escena en la que alguien miraba, decepcionada, la página abierta de un libro que prometía ser maravilloso. Lo que veía era una hoja anodina. La directora de la sesión le propuso:

—Pasa de página. Mira la que sigue.

Y lo que allí estaba escrito la conmovió profundamente, porque tocaba un recuerdo inconcluso, una herida aún viva. Eso también puede ocurrir: ir más allá del sueño, no para forzarlo, sino para ayudarlo a florecer.

Todo esto no es para buscar explicaciones, sino para que el soñador pueda reconocerse en su sueño, hacerse responsable y decir: «Este sueño soy yo; me expresa; no es solamente "un sueño"». Así, lo soñado deja de ser ajeno o anecdótico. Se convierte en una puerta de entrada a zonas vitales no conscientes, pero activas y disponibles para integrarse a la conciencia como parte de uno mismo.

A esta forma particular de comprender el soñar la llamamos «integrar los sueños». Su propósito es permitir que aquello que se expresa —a veces de forma fragmentaria, simbólica o velada— pueda ser reintegrado en la totalidad consciente del soñador.

El psicoanálisis, desde Freud, se propuso como tarea el desciframiento. Según su planteamiento, el soñador no puede descubrir por sí mismo el sentido profundo de su sueño, ya que ha sido censurado, maquillado y disfrazado intencionalmente. Se necesita, entonces, una mirada técnica, externa, que señale, traduzca e interprete. El enfoque gestáltico, en cambio, se mueve en un terreno no interpretativo. No busca revelar un significado oculto, sino amplificar lo vivido.

Perls solía decir: «Tomemos al sueño como un reflejo de nuestra existencia, no como el reflejo de un incidente aislado, y comprobaremos que todo cambia». Nos recuerda que soñamos también durante el día: con la gloria, con ser útiles, con no fallar, con cualquier otra cosa. Y que ese soñar puede volverse una pesadilla. Integrar es, por tanto, despertarnos también de esos sueños.

En el trabajo gestáltico, integrar el sueño significa no dejar fuera ningún elemento y aceptar la interacción entre todas sus partes. En este sentido, integrar no es entender ni interpretar: es asumir dentro del autoconcepto todas las experiencias vividas. También aquellas que sorprenden, descolocan o incomodan. Comportamientos, emociones, escenas —incluso accidentes— que no comprendemos del todo: eso también soy yo.

Integrar es abrirnos a la totalidad de lo vivido. Es dejar de escindirnos entre lo que aceptamos y lo que rechazamos. Y a partir de allí, permitir que nuestra identidad no se cierre ni se congele, sino que continúe expandiéndose, como una galaxia viva, incorporando nuevas formas de estar en el mundo. El «yo soy» no se reduce ni se endurece: se amplía con cada experiencia que nos atraviesa.

Italo Calvino sabía mirar y extender. No ver solamente lo que hay, sino abrirlo, como se abre una semilla, hacia lo que ya no está, pero dejó huella. En *Las ciudades invisibles*, Marco Polo le habla al Gran Khan señalando un tablero de ajedrez:

> Tu tablero de ajedrez, Gran Khan, es de dos maderas: ébano y arce. Ese cuadradito que tocas con el dedo se talló en un tronco que creció en un año de sequía: ¿ves cómo se disponen las fibras? Y aquí, ¿ves?, un nudo apenas insinuado: de una yema que trató de despuntar un día de primavera precoz, pero la helada la abortó. Ese poro más grande quizá fue el nido de una larva. Ya no te hablo del tablero, sino de bosques de ébano, de troncos que bajan por los ríos, de atracaderos, de mujeres en las ventanas...

Así también es el sueño. Basta una imagen para invocar mundos enteros. Basta una escena, una palabra, una emoción para abrirnos a aquello que ya somos, pero aún no hemos sabido integrar.

Ecos filosóficos y clínicos

Arthur Schopenhauer, filósofo alemán del siglo XIX, fue uno de los primeros pensadores occidentales en señalar con crudeza el conflicto entre la conciencia y los impulsos irracionales. En su metafísica del deseo, los sueños no son anomalías, sino revelaciones del fondo verdadero del yo, un yo que carece de rostro definido y se fragmenta en impulsos contrapuestos. Schopenhauer advierte:

> En los sueños nos escondemos en cada figura que aparece; del mismo modo —aunque cueste más verlo— nos escondemos en cada rostro que encontramos al despertar.

Soñar, para él, es una forma de mirar hacia adentro, sin el velo de las convenciones. Las figuras oníricas son máscaras móviles de una única energía subterránea. Así, quien sueña no solo es el protagonista de la historia, sino también el paisaje, los otros personajes, la amenaza y la solución. El soñador es, como en el teatro de sombras, todas las siluetas a la vez. Esta idea se alinea profundamente con el enfoque gestáltico, donde cada parte del sueño expresa una parte del yo: al encarnar el viento, el tren, la niña extraviada o el guardia que no deja pasar, uno entra en contacto con aspectos propios que tal vez nunca habían tenido cuerpo.

Erich Fromm, psicoanalista humanista y gran traductor del pensamiento freudiano al lenguaje del siglo XX, retoma esta idea y la amplifica: «Todo sueño es un drama de un solo acto cuyo autor dirige desde bambalinas mientras interpreta todos los papeles y decide el telón final».

Desde su visión ética y social del psicoanálisis, Fromm veía los sueños como relatos simbólicos del conflicto entre el yo auténtico y el yo socializado. El drama nocturno resume tensiones que a menudo no nos damos permiso de ver durante el día. Y al asumir todos los roles, el soñador puede explorar lo que rechaza, lo que desea, lo que teme, sin censura. El sueño, entonces, no solo es diagnóstico, sino también ensayo: una pequeña representación donde el alma prueba futuros, llora pérdidas anticipadas, repite escenas irresueltas o se atreve a actuar lo que no se animaría jamás en la vigilia.

Ann Faraday, psicóloga británica pionera en el estudio científico de los sueños durante la fase REM, llevó estos planteos a una forma accesible y lúdica. Su formación combinaba el rigor empírico del laboratorio con una gran sensibilidad para lo terapéutico. Escribía con humor y frescura sobre el conflicto interno que desatan muchos sueños recurrentes. En uno de sus libros, describe así la tensión entre nuestras partes en pugna:

> El héroe moralista y el antihéroe resignado se turnan para torturarse: uno grita «deberías», el otro musita «ya lo intento». Se necesitan, se detestan y queman nuestra energía hasta que los subimos juntos al escenario y les damos un tratado de paz.

La fórmula de Faraday sugiere que el conflicto interno no se resuelve por eliminación de una parte, sino por reconocimiento mutuo. Que el deber y la impotencia se escuchen, que el exigente y el temeroso compartan escena, que el soñador sepa que ambos lo habitan y que puede —si lo desea— escribir un nuevo guion. Su enfoque abre paso a una práctica vital: no solo analizar lo soñado, sino representarlo, actuarlo, jugarlo hasta que la rigidez se vuelva diálogo.

Estos tres autores —tan distintos entre sí— coinciden en una idea de fondo: el sueño es una escena habitada por fragmentos del yo. El trabajo no consiste en encontrar un significado «correcto», sino en permitir que esos fragmentos hablen, se muevan, se miren entre sí.

No todo personaje soñado tiene que ser «yo». Pero todo personaje expresa algo que me afecta, algo que me ha rozado o que me habita. Y si me detengo, si escucho, puede que reconozca el tono de una voz familiar, una emoción sin nombre, una decisión pendiente.

La terapia de sueños, desde este enfoque, no interpreta: acompaña. No decide: dispone. Y cuando el soñador —a veces cansado, a veces incrédulo— empieza a leer sus propios gestos con compasión, aparece el giro. Una parte se relaja. Otra se atreve a decir. A veces el sueño se vuelve claro; otras, simplemente deja de asustar.

En todos los casos, algo se mueve. Y ese movimiento, aunque sea sutil, es lo que nos interesa. No como promesa de salvación, sino como una práctica del darse cuenta. Como una forma —modesta, pero firme— de vivenciar lo que somos.

Habitar el sueño

La propuesta psicoterapéutica de los Perls no busca reducir la experiencia ni sofocar la riqueza del mundo interior con interpretaciones cerradas. Su enfoque consiste en acoger el sueño como una vivencia íntegra, donde lo corporal y lo simbólico, lo expresado y lo silenciado, lo evidente y lo oculto se entrelazan en una totalidad. Sin dividirlo en elementos supuestamente más o menos importantes. Sin recortar ni jerarquizar con fórmulas del tipo: «esto es relevante», «esto no lo es». Porque al hacerlo, se rompe la unidad del sueño. Y al romperla, se lo mutila. Lo que podría ser experiencia viva, fuente de cambio o revelación, se convierte entonces en una colección de piezas desactivadas, clasificadas y sin vida.

Eso no es Gestalt.

Eso es lo que ocurre cuando convertimos el sueño en un cadáver útil para alimentar la rumiación mental, esa trampa en la que uno se dice, en tono triunfante: «Ya lo he comprendido».

(Repasa cualquier página de «significados de los sueños» en internet. O investiga por tu cuenta el asombroso caso de la historia del «sueño del hombre de los lobos», y verás a qué me refiero).

En Gestalt no buscamos explicarlo todo, sino vivirlo todo.

Desde esta tradición, Paolo Quatrini lo expresa con claridad: no utilizar la interpretación simbólica. No traducir el sueño a términos cerrados («esto significa aquello»), sino elaborar con él en clave metafórica. Lo importante no es que el sueño *signifique*, sino que evoca, resuena, llama a algo de nuestra vida.

La diferencia es radical.

El símbolo tiende a la rigidez: «esto soy yo», «esto representa esto otro». En cambio, trabajar el sueño como metáfora permite un movimiento más vivo: «esto me recuerda a algo de mi vida». Así, el sueño y la vida no se cierran mutuamente; pueden mirarse, establecer vínculos, dejarse afectar, sin que uno anule al otro.

El símbolo mal manejado puede matar la vivencia. Encerrar un sueño en una interpretación simbólica es como guardar una joya en una caja hermética: su brillo se apaga. Da la satisfacción de «poseer» un significado —como quien atrapa un pájaro con la mano—, pero muchas veces, en el intento de que no se nos escape, lo estrangulamos.

Es esa misma tensión que Erich Fromm describió entre tener y ser. Para la Gestalt, el sueño no es algo que se tiene ni se entiende: es algo que se habita.

Escribió Fritz Perls: «Nosotros, antes que substancia, buscamos proceso».

Observamos cómo se despliega, qué movimientos internos activa, qué interrupciones aparecen. Y nos interesa, sobre todo, cómo la persona se relaciona con su propio sueño: si lo interrumpe, si lo censura, si lo juzga, si lo teme. Porque mientras alguien siga habitando frases como «soy como debería ser» o «me disgusta no ser como debería ser», no está en sí mismo.

Incluso si en terapia una persona logra cuestionar ciertos mandatos —los de papá, los de mamá—, si el mecanismo sigue siendo tragar sin masticar, lo soñado también resultará difícil de integrar. Puede volverse otro introyecto: algo que se incorpora, pero que no se digiere. Y con eso, el proceso se detiene. Lo fundamental es que la persona pueda ver por sí misma cómo traga sin procesar, cómo se bloquea su capacidad de digerir, asimilar, integrar. Incluso en el plano onírico. Porque en los sueños también aparecen automatismos, juicios, castigos autoimpuestos, futuros posibles que se interrumpen.

Si el enfoque gestáltico tiene un valor —también en el trabajo con los sueños—, es este: la posibilidad de atender, sin interferencias, a lo que hay.

Henry Reed lo decía con otra música:

Cuando miro mi vida a través de un sueño —algo parecido a mirar a través de un espejo metafórico— tengo destellos de visión lúcida. ¡Ajá, claro que sí! ¡Por supuesto! Muchas veces me sorprendo al reconocer las verdades que funcionan en mi vida y me siento elevado a una conciencia superior de significado. El sueño sigue estando sin interpretar, pero eso carece de importancia. No es que el sueño sea comprensible, sino que más bien es la mejor expresión poética de la verdad. En esos encuentros, mis sueños no juzgan. No me siento avergonzado, ni culpable, ni orgulloso ni poderoso. Simplemente, siento cómo soy.

Y ahí está la clave: siento cómo soy, sin necesidad de entenderlo todo, sin desmenuzarlo, sin poseerlo. Solo estar presente. Dejar que el sueño —como la vida— se revele como experiencia viva, sin necesidad de cerrarla.

Desde este lugar se ha diseñado una técnica sencilla y profunda: contar el sueño en presente, y tras cada escena, añadir la frase: «y así es mi vida», o alguna variante que evoque su resonancia personal.

Aunque pueda parecer una interpretación simbólica, en realidad es una elaboración metafórica. No se interpreta nada. El sueño no significa algo específico. Pero evoca. Metaforiza algo de la experiencia vital del soñante.

La diferencia entre símbolo y metáfora es crucial. El símbolo tiende a arrastrar un sentido más o menos fijo: el agua, por ejemplo, asociada a lo femenino, la emoción, la vida. Tiene historia, tradición, peso.

La metáfora es otra cosa: abierta, situada, inesperada. En un sueño, el agua puede ser lágrima, sopa, suciedad, orgasmo, inundación, o una tarde brillante en San Sebastián. Lo importante no es lo que significa en general, sino qué le pasa al soñante con eso, aquí y ahora.

Cada persona puede mostrarnos, con precisión y a veces con poesía, cuál es su resonancia personal.

Como aquella hija de pescadores que, al hablar de un pozo oscuro donde algo se agitaba, exclamó: «¡Es el tesoro!». Y eran pececillos. Los que su padre guardaba como cebo. Ella los había nombrado así, de niña: «el tesoro». No le hacía falta interpretar. Solo escuchar con el corazón abierto. Dejar que la imagen se volviera palabra viva.

Este uso integrador de los sueños no busca diseccionarlos, sino devolverles su potencia de espejo, de paisaje, de poema. Curiosamente, esto suele resultar más accesible con los sueños que con los relatos de la vigilia. Tal vez porque la vida está demasiado cerca, demasiado identificada. Los elementos de nuestro vivir nos rozan la piel, a veces nos la tatuaron. En cambio, el recuerdo de un sueño ofrece distancia: se ve como en una pantalla. Y esa distancia permite una panorámica.

De pronto, algo se revela. Una escena absurda. Una figura grotesca. Un gesto mínimo. Y ahí está: lo que no podíamos ver en nuestra vida despierta. No porque estuviera escondido, sino porque estaba demasiado cerca.

¿Lo intentamos?

No hace falta que el sueño sea reciente, ni completo. Puede ser una frase, una imagen, una escena suelta. Cualquier fragmento sirve si lo tratamos como lo que es: una vía de acceso.

- Llego a una estación, y ni recuerdo de dónde vengo… y así es mi vida.
- Me abro paso con una maleta, oyendo a los otros opinar sobre mí… y así es mi vida.
- Me comparo con quienes fracasan, y me siento fuerte… y así es mi vida.
- Sigo órdenes ajenas sin preguntar… y así es mi vida.

- Me dejo llevar por todo lo curioso que encuentro… y así es mi vida.
- Acepto la tarea, y me pongo a andar… y así es mi vida.
- Pero olvido el mapa, la brújula, el agua… y así es mi vida.
- No sé si decido mi rumbo o si él me elige a mí… y así es mi vida.
- Camino inseguro; inseguro, pero camino… y así es mi vida.
- Doy explicaciones para calmar mis miedos… y así es mi vida.
- Aprendo que el mismo camino, una hora más tarde, lleva a otro sitio… y así es mi vida.
- Estoy en una parcela de tierra, a media ladera, a media mañana… y así vivo. Ahora.

Conclusión

Trabajar con los sueños, desde el enfoque gestáltico, no consiste en interpretarlos desde fuera ni en asignarles un sentido fijo. Tampoco se trata de domesticarlos para que encajen en alguna teoría. Lo esencial es permitir que el sueño se despliegue como experiencia viva, compleja, encarnada. Una experiencia que tiene su tiempo, su respiración y su modo propio de manifestarse.

A lo largo de este recorrido hemos visto distintos modos de acercarnos al material onírico: repetir el relato en presente, dar voz a los elementos, explorar metáforas, incorporar lo olvidado, crear escenas previas o posteriores, imaginar títulos, dialogar entre personajes, atender al cuerpo, al gesto, al silencio. Cada uno de estos recursos tiene sentido cuando está al servicio de algo mayor: favorecer el contacto. No con un contenido oculto, sino con una dimensión de sí mismo que quizás aún no ha sido mirada del todo.

El sueño, entonces, no es una historia que se cuenta, sino una vivencia que se atraviesa. A veces, duele. A veces, asombra. A veces, no entendemos nada. Y sin embargo, algo se mueve. Una emoción se hace presente. Una palabra surge. Una parte de nosotros —que parecía ausente— empieza a hablar.

Eso es lo que importa.

No hay que forzar nada. No hace falta tener sueños perfectos ni recordar todos los detalles. Basta con traer lo que hay, con disposición y honestidad. Basta con sentarse, en silencio, frente a eso que apareció durante la noche, y quedarse un poco más ahí. No para explicarlo, sino para dejar que siga haciendo su trabajo. Porque lo que el sueño no resolvió mientras dormíamos, tal vez pueda desplegarse ahora, en la vigilia, si le damos tiempo y espacio.

La integración no es un acto intelectual, sino una forma de estar. No se trata de entender, sino de asumir que eso también soy yo. Eso que soñé. Eso que siento. Eso que evito. Eso que deseo. Eso que aún no sé nombrar.

Lo que el sueño trae —aunque sea fragmentario, oscuro, absurdo o inquietante— es parte del tejido profundo de la vida. Cuando lo tratamos con respeto, cuando lo escuchamos de verdad, cuando dejamos de buscar «el significado» y empezamos a atender la experiencia, el sueño deja de ser un contenido extraño. Y empieza a ser una puerta. Una vía. Un espejo.

ÚLTIMO INTERLUDIO

El peregrino está cansado, pero llega.

No hay fanfarria. No hay revelación espectacular. Solo una quietud extraña, como si por fin pudiera sentarse a mirar lo andado.

Entonces, piensa. No para explicarse, sino para ordenar por dentro las voces, los ecos, las imágenes. No todas encajan, ni todas hacen sentido. Algunas duelen. Otras vuelven con una nitidez que sorprende. Pero ya no necesita rechazarlas.

Recuerda. Sin buscar precisión, sin exigirse completitud. Lo que viene es lo que importa. Un gesto, una escena, una palabra. Cosas que antes parecían sueltas ahora se encadenan de otro modo. No por lógica, sino por afinidad, por resonancia. Como cuando uno vuelve sobre sus pasos y descubre que no andaba perdido, sino que aún no sabía por dónde estaba yendo.

Y sueña. Esta vez no dormido, sino despierto. Con los ojos entrecerrados. Con el cuerpo apoyado en la tierra. Sueña no con escapar, sino con seguir andando. Pero distinto. Con menos peso. Con más espacio para él.

El camino no se ha terminado, pero ya no es el mismo. Y él tampoco.

Ahora puede seguir.

FINAL DE TRAYECTO

Las páginas de este libro-camino recogen literatura, investigación y testimonio franco, nacido de la sed, del miedo, de la seducción, nacido de mí, nacido de ti.

Como sucede en cada final, queda la conciencia del trayecto y la promesa de nuevos pasos. Queda la invitación a soñar con firmeza biológica y audacia simbólica. Que las imágenes nocturnas sigan latiendo, que el día les preste oídos y que, al contarlas, sigamos construyendo juntos esa colmena interior —blanca cera, dulce miel— donde la vida encuentra forma.

Ahora, respira. Escucha cómo el silencio reproduce el ritmo de tus propios pasos. Hemos llegado. Y, porque hemos llegado, ya estamos partiendo.

EPÍLOGO:
CAMPO DE ESTRELLAS, CAMPO DE SUEÑOS

Según la leyenda jacobea, el sepulcro del Apóstol se perdió en la espesura del tiempo hasta que, una noche, una lluvia de luces descendió sobre un monte de Galicia. Un ermitaño vio aquel resplandor y avisó: *campus stellae*, el «campo de las estrellas». Allí acudieron otros, y al punto nació un destino: caminar hacia una luz que a la vez nos llama y nos reúne. Desde entonces, cualquiera que emprende el Camino parte de un punto concreto del mapa pero camina, en realidad, hacia un brillo interior que solo se revela andando.

Yo partí de Estella —nombre que también guarda una estrella en sus sílabas— junto a mi padre, hace ya décadas, cuando más necesitábamos hablarnos. Entonces pedí un sueño y lo recibí; aquel descenso en espiral que se detuvo antes del golpe me cambió la marcha, me alivió la rodilla y me abrió a la conversación que nos faltaba. Aquella experiencia dio origen a este libro: *El camino de los sueños*. Al cerrar ahora estas páginas, vuelvo a sentir el arco completo: de Estella al *campus stellae*; de un cuerpo agotado a un vínculo reconciliado; de un sueño personal a esta conversación con tus propios sueños.

Mirada atrás antes de seguir

Un paso, otro paso, y ya estamos aquí: al cabo de este camino que comenzó con la primera punzada de anhelo y se sostuvo gracias a la terquedad del deseo. Ahora, cuando la meta se revela tan concreta como la piedra que piso, respiro: una bocanada de alegría por haber mantenido el propósito; el siseo fatigado que se cuela entre los labios y sabe a alivio.

Detengo los pies y, con ellos, las urgencias. Dejo que se acomode el cansancio, que haga sitio a la mirada interior. Porque antes de preparar el regreso conviene asomarse a lo vivido: lo que he visto mientras escribía estas páginas y lo que escribía mucho antes de ser consciente de que lo estaba haciendo, cuando conversaba con tantos peregrinos —gentes, sueños, preguntas— en circunstancias siempre distintas.

No toca una gran síntesis —el polvo aún flota—, pero sí cabe una ojeada al territorio que esos sueños han labrado en mí.

He comprendido que soñar es un proceso biológico, tan inherente a la vida como la propia temperatura corporal. Allan Hobson me abrió esa puerta mientras compartía conmigo trece de sus sueños: olas de surf y la visita, cruda, de la muerte de su amigo Louis Kane. Poco antes de despedirnos me reveló su propio infarto, el temblor que le dejó en los huesos, y volvió a su cuarto a terminar el camino de su libro. Él me enseñó que la neurofisiología también late.

En paralelo, he ido tropezando con culturas que erigen sus ritos sobre la materia del sueño: los sarayaku amazónicos, los aborígenes australianos, los senoi de Malasia, los jázaros de leyenda y nosotros, viejos europeos de raíces cristianas, conservadores y al mismo tiempo conquistadores de símbolos. Entre el negocio con las divinidades y la obediencia a lo que se nos reclama, Viena vio a Freud desdoblar las sombras, y desde entonces la herencia es viento que aún empuja.

La poesía ha sido un tercer compañero de ruta. El primer sueño que relato —y otros cuya autoría nunca reclamé— ya contenía poesía, porque poesía es la forma de entenderlo. Alguien soñó con una cigüeña posada en su tejado y, al alba, llegó el parto; de ahí brotó el verso ingenuo «cigüeña, ven de París, tú que nos traes las hijas», que aún circula entero. Antonio Machado dejó escrito: «Azotan el olivar las ráfagas de febrero. No duermo por no soñar», y también: «Soñé —¡bendita ilusión!— que una colmena tenía dentro de mi corazón. Y las doradas abejas iban tejiendo en él, con las amarguras viejas, blanca cera, dulce miel».

La palabra transforma el sueño en puente.

De los sueños solo conocemos lo que se cuenta. Lo que cuento, lo que comparto, lo que mis pupilas aún tímidas o exultantes dejan escapar hacia otros ojos. Avisos, esperanzas, canciones, ramificaciones de un mismo árbol.

En la terapia he visto cómo la narración del sueño reúne lo escindido. Traer un sueño al diván es desnudarse: se dejan fuera los abalorios, se queda el cuerpo. Ese cuerpo que partió cuando nacimos, que nos sostiene mientras vivimos y que descansará el día que exhale su último aliento.

El camino ha estado sembrado de monumentos: personas que son ellas y también soy yo; perspectivas que se despliegan como mapas múltiples. Cuando uno sabe a dónde quiere llegar descubre, con cierto estupor, que no hay un sendero sino incontables trazas, y es la personalidad —o karma, si se prefiere— la que señala por dónde desea andar.

El sueño de Estella. Límites

Porque los sueños vuelven cuando cambian las estaciones de la vida, quiero dejar aquí otro. Treinta años después de aquella primera peregrinación a Santiago, mi padre murió. Lo enterramos en el cementerio de nuestro pueblo, y me quedé allí unos días, solo, caminando por calles que conocía de memoria, con el corazón lleno y en silencio.

Dos noches después del entierro, soñé.

En el sueño paseaba por mi pueblo natal. Iba solo, sin prisa y sin rumbo. No había un destino claro, solo el andar melancólico de quien se deja llevar. Me detuve en las afueras, miré alrededor, me giré, seguí andando. Más adelante me volví a detener. El gesto se repitió. A la cuarta parada, me pregunté por qué me estaba deteniendo justo allí. El pueblo quedaba atrás. Por delante, el campo abierto.

Había llegado al límite de mi pueblo.

No había señales que lo indicaran, ni diferencias visibles entre un lado y otro del camino. Pero algo me retenía. Y entonces lo supe como si una voz vieja y sabia hablara desde dentro: mis padres, mis mayores, me habían enseñado de niño a no traspasar las lindes. Más allá terminaba la protección del pueblo. Más allá, las tierras ya eran de otros, y si entraba en ellas —voluntaria o involuntariamente—, quedaba fuera de las reglas conocidas, a merced de lo imprevisible. El riesgo era ser dañado. O simplemente no ser reconocido.

Había olvidado esa lección, pero seguía viva en mí. No necesitaba recordar las razones: la consigna estaba injertada. Lo importante era no salirse de la norma.

Unos días después, al caer la tarde, volví a salir a caminar. Otra vez sin objeto, otra vez sereno. Al llegar a las afueras, recorrí un camino de siempre, pero me detuve al ver una callejuela a mi derecha. Tenía un cartel con su nombre. Me sorprendió descubrir que, en todos estos años, jamás me había internado por ella.

Y de inmediato, como una corriente súbita, regresó el sueño. Me detuve. Sentí miedo.

Lo noté en el vientre tenso, en la respiración que se volvió más corta, en la mirada que se desenfocó y en la cabeza que se inclinó hacia el suelo. Una cascada de pensamientos defensivos invadió mi mente: «puede haber perros sueltos», «quizás me roben», «¿y si caigo y nadie me ve?». Ni siquiera sabía si esas casas estaban habitadas.

Pero el sueño —ese gesto onírico de pararme ante el límite— me iluminó el momento. Decidí avanzar.

No fue una conquista heroica. Caminé apenas unos minutos. Di media vuelta. Regresé. Nada cambió.

Y sin embargo, algo se movió profundamente.

Ahora, al escribirlo, veo esas imágenes con nitidez. Como si algo en mí hubiese plantado un poste en ese instante. Un poste que sostiene un cartel con una inscripción íntima: «quiero cruzar lindes». Y debajo:

«Un pequeño paso para mí, pero un gran paso para mí».
«Primer día del resto de mi vida»
«La odisea empezó con Ulises dando un paso».

Y más abajo, otro cartel:

«Tengo un objetivo».
«Tener un objetivo no es una cárcel».
«Se abre la temporada de caminar con dirección».

Ese sueño me pertenece, pero ahora que lo has leído, también es un poco tuyo. Al compartirlo, algo mío se vuelve espejo. Y tal vez, al evocarlo, despierte en ti alguna emoción —curiosidad, resonancia, distancia o rechazo—. Como toda historia verdadera, producirá ondas. No importa cuán pequeñas sean.

Invitación final

¿Qué queda entonces? Queda la conciencia del trayecto y la promesa de nuevos pasos. Queda la invitación a soñar con firmeza biológica y audacia simbólica. Que las imágenes nocturnas sigan latiendo, que el día les preste oídos y que, al contarlas, sigamos construyendo juntos esa colmena interior —blanca cera, dulce miel— donde la vida encuentra forma.

Este tramo no termina con una conclusión, sino con una invitación a cruzar tus propias lindes, a escuchar los sueños que no sabías que recordabas, a caminar aunque tiembles. Porque todo lo que verdaderamente importa empieza con un paso incierto. Porque detrás de cada sueño hay un umbral. Y porque a veces basta con atreverse a mirar más allá de lo conocido para que la vida, entera, se abra.

Ahora, respira. Escucha cómo el silencio reproduce el ritmo de tus propios pasos. Hemos llegado. Y, porque hemos llegado, ya estamos partiendo.

Nos encontraremos en el Camino.

Ultreia.

GUÍA DE LECTURA PARA SEGUIR EL CAMINO (DE LOS SUEÑOS)

Quiero compartir aquí un listado comentado de libros que me han acompañado —una y otra vez— mientras escribía este volumen. Añadí guiños, advertencias y rutas alternativas. Si eres de los que leen, sigue la flecha amarilla y escoge algunos. Si no lo eres… ¡este puede ser un buen momento para calzarse las gafas y arrancar a leer (o releer)! El de Borges funciona como menú degustación: muchos entrantes, platos y postres en raciones breves. Pero, creéme, cualquiera de los demás sirve como plato principal.

Para empezar (mochila ligera, herramientas prácticas).

Ángeles Martín: *Los sueños en Psicoterapia Gestalt* (Desclée De Brouwer). Manual de herramientas básicas para llevar siempre en la mochila clínica. Fue mi puerta de entrada al trabajo con sueños.

Eugene T. Gendlin: *Deja que tu cuerpo interprete tus sueños* (Desclée De Brouwer). El creador del *focusing* destila aquí una llave autoaplicada: 16 preguntas que abren un espacio corporal-simbólico tridimensional. Pequeño libro, enorme rendimiento. (Multiplique su precio por seis; sigue saliendo barato.)

Fritz Perls: *Sueños y existencia* (Cuatro Vientos). Transcripciones de sesiones y fundamentos tempranos de la Terapia Gestalt aplicados al material onírico. Crudo, vivo, histórico.

Neurofisiología que late.

J. Allan Hobson: *Los 13 sueños que Freud nunca tuvo* (FCE). Hobson repasa trece sueños propios: cuándo ocurrieron, cómo los vivió y qué se puede aprender de cada uno. Tras cada relato, un capítulo de ciencia y curiosidad desenfadada.

J. Allan Hobson: *El cerebro soñador*. El libro que lo hizo famoso: base neurofisiológica, cronobiología, modelos de activación-síntesis y más. Más técnico que el anterior.

El tiempo, ese otro peregrino.

J. W. Dunne: *Un experimento con el tiempo* (Zenith). Ingeniero aeronáutico y diseñador de aviones militares, Dunne causó furor en 1927 con su hipótesis de que en sueños vemos fragmentos del futuro porque el tiempo «real» nos llega al revés: del mañana hacia el ayer. Fascinó a Borges; hoy sigue provocando.

Tradiciones clásicas: del oráculo al psicoanálisis.

Artemidoro de Daldis: *La interpretación de los sueños* (Gredos). Onirocrítica antigua en cinco libros: repertorio, método y oficio de interpretar para uso público y familiar. Un espejo remoto donde todavía podemos reconocernos.

Girolamo Cardano: *El libro de los sueños* (Asociación Española de Neuropsiquiatría). Magnífica traducción integral de Marciano

Villanueva Salas. Bisagra entre las «claves» premodernas y el giro freudiano. Cardano avisa: «Tanto si los denigras como si los encumbras, los efectos que no muestran, se cumplen».

Werner Kemper: *El significado de los sueños* (Alianza). Mi favorito para repasar con calma los cimientos del psicoanálisis freudiano ya decantado. Publicado en 1955, cuando décadas de práctica habían filtrado la exuberancia inicial en teoría utilizable.

Vidas, enfermedad, muerte: enfoques clínicos y hermenéuticos.

Javier Castillo Colomer: *Los sueños en la vida, la enfermedad y la muerte: claves para una hermenéutica* (Biblioteca Nueva). Creador de la Psicoterapia Dinámica orientada por Dimensiones. Lectura exigente: reclama atención sostenida y pensamiento propio.

Ignacio Ruiz Lafita: *Progresión onírica y análisis estructural de sueños* & *Sueños y psicoanálisis* (obra póstuma; ed. amigos). Trabajo interrumpido por su muerte temprana. Su apuesta: la secuencia de sueños es tan importante como cada sueño aislado. Ideal para quienes quieren mapa longitudinal.

Philip M. Bromberg: *Awakening the Dreamer* (Routledge). Lo recomendó Claudio Naranjo y le debo mucho. Relacional, clínico, lúcido con las disociaciones del self. Se encuentra (con paciencia) en librerías en línea.

Karen Horney: *El proceso terapéutico* (La Llave); *Neurosis y madurez* & *Nuestros conflictos interiores* (Psique). No son libros «de sueños» *per se*, pero sin su comprensión de los conflictos neuróticos es difícil acompañar lo que los sueños muestran. Estúdielos: los seguirá releyendo treinta años después.

Entre culturas, religiones y símbolos.

Mariano Ballester, S.J. : *La ayuda de los sueños en el desarrollo espiritual* (Sal Terrae). Una mirada católica, ortodoxa en lo doctrinal, encarnada en práctica pastoral. Valioso para dialogar entre clínica y fe.

Namkhai Norbu Rimpoché: *El yoga del sueño y la práctica de la luz natural* (Ediciones Dharma). Clásico del Dzogchen tibetano sobre lucidez, dormir y despertar.

Ana María Vázquez Hoys: *Y los sueños, ¿sueños son?* (Oberon). Ramillete de ejemplos culturales: enriquecen la mirada y deslocalizan nuestras certezas occidentales.

María V. Jordán Arroyo: *Entre la vigilia y el sueño* (Iberoamericana / Vervuert). Enfoque interdisciplinario (España e Iberoamérica) que muestra cómo los sueños sirven tanto al poder establecido como a la crítica subterránea. Incluye Lucrecia de León, la Cueva de Montesinos, Abinmacalado, Calderón... una mina.

Patricia Cox Miller: *Los sueños en la Antigüedad tardía* (Siruela). Puerta ancha a un período riquísimo: patrística, visiones, devociones, política del símbolo. Excelente para lectores que aún no quieran entrar de lleno en la clínica.

Mariano Ballester ya está arriba (lo repito solo para que no se pierda en la transición de secciones).

Miradas literarias (del macrocatálogo al soneto amoroso).

Jacobo Siruela: *El mundo bajo los párpados* (Atalanta). Un libro nacido de la curiosidad que se agrandó hasta volverse vocación. Crónica de soñadores, lecturas y hallazgos culturales.

Jorge Luis Borges (comp.): *Libro de sueños* (Alianza Editorial). Antología inagotable: relatos, fragmentos, testimonios oníricos a través de los siglos. Un banquete. (Y sin embargo no incluye «La noche boca arriba», de Cortázar/Chuang Tzu…).

Bernat Metge: *El sueño* (Planeta, Clásicos Universales; intr., trad. y notas de Martín de Riquer). Falso sueño político de 1396 usado como pieza de defensa en un proceso por asesinato. Erudito y sabroso. ¡Qué historias trae la historia!

Antonio Latorre: *El sueño erótico en la poesía española del Siglo de Oro* (Fondo de Cultura Económica). Antología de 120 poemas desde Sem Tob (c. 1370) hasta Fray Melchor de la Serna (s. xvi). *Erótico* aquí significa ante todo amoroso: deseo, añoranza, apoteosis. El capítulo final de «chiste y obscenidad» añade picante. Para adictos al soneto bien medido.

Albert Beguin: *El alma romántica y el sueño*. Fondo de Cultura Económica, México, 2016 (quinta reimpresión). Julio Cortázar me puso sobre la pista cuando manifestó su adoración por este valiosísimo libro que aúna la erudición y el estilo del autor con una historia del movimiento romántico con los sueños como vía a la libertad y al conocimiento. Está editado también en el catálogo de Kindle.

Sueño, Gestalt… y más allá.

Jaume Cardona Costa: *Los sueños en psicoterapia Gestalt… y más allá: Sobre una clínica de los sueños y Grandes Sueños* (Barcelona, 2019).

Obra de poeta-divulgador-clínico. Toma lo junguiano como andamiaje para abordar lo que parece inalcanzable sin perder la frescura Gestalt.

Fantasía, mundos oníricos y proto-lucidez narrativa.

H. P. Lovecraft: *Viajes al otro mundo: Ciclo de aventuras oníricas de Randolph Carter* (Alianza Editorial). Travesías por geografías soñadas. El último relato, «En busca de la ciudad del sol poniente», dialoga —sin saberlo— con tradiciones como *Sueño de las Nueve Nubes*, *El deán de Santiago*, episodios del *Mahābhārata* (Markandeya) o el *Kantan* del Nô japonés. Para llamarse lúcidos solo falta que Carter sepa que sueña…

Y en la red…

Francis Elizalde: Blog *Anoche cuando dormía*.

Cómo usar esta guía

- Si quieres un comienzo práctico: Martín + Gendlin + Perls.
- Si buscas «la ciencia dura» que late: Hobson doble combo.
- Si te atrae la historia larga: Artemidoro + Cardano + Kemper.
- Si trabajas en clínica compleja: Castillo Colomer + Bromberg + Horney.
- Si exploras espiritualidad comparada: Ballester + Namkhai Norbu + Vázquez Hoys.
- Si amas la literatura: Borges + Siruela + Latorre (y bonus Lovecraft nocturno).

Lee en orden o a salto de mata, como en el Camino: cada parada tiene agua, pan y alguna historia que quizá te movilice.

BIBLIOGRAFÍA

BALLESTER, M. (s. f.). *La ayuda de los sueños en el desarrollo espiritual.* Sal Terrae.

BORGES, J. L. (Ed.). (2009). *Libro de sueños* (Ed. rev.). Alianza Editorial. (Antología de textos de múltiples autores seleccionada por Borges y M. A. Guerrero).

BROMBERG, P. M. (2006). *Awakening the dreamer: Clinical journeys* (2nd ed.). Routledge. (Obra en inglés; no hay edición española completa a fecha de mi última consulta).

CARDANO, G. (2007). *El libro de los sueños* (M. Villanueva Salas, Trad.). Asociación Espanola de Neuropsiquiatría. (Edición bilingüe parcial y notas críticas).

CARDONA COSTA, J. (2019). *Los sueños en psicoterapia Gestalt... y más allá: Sobre una clínica de los sueños y los Grandes Sueños.* [Edición de autor / impresión bajo demanda].

CASTILLO COLOMER, J. (2012). *Los sueños en la vida, la enfermedad y la muerte: Claves para una hermenéutica.* Biblioteca Nueva.

COX MILLER, P. (1998). *Los sueños en la Antigüedad tardía* (R. Grasa, Trad.). Siruela.

DUNNE, J. W. (2008). *Un experimento con el tiempo* (J. T. Llacer, Trad.). Zénit Editorial. (Trabajo original publicado en 1927).

FARADAY, A. (1974). *El poder de los sueños* (Ed. en español). Guadarrama. (Título original: *The Dream Game*, 1972).

GENDLIN, E. T. (1993). *Deja que tu cuerpo interprete tus sueños* (M. Arigita, Trad.). Desclée De Brouwer. (Título original: *Let Your*

Body Interpret Your Dreams, 1986). crailandivarlibrary.primo.exlibrisgroup.com

HOBSON, J. A. (1996). El cerebro soñador (D. Alcaraz, Trad.). Fondo de Cultura Económica. (Título original: *The Dreaming Brain*, 1988).

HOBSON, J. A. (2007). *Los 13 sueños que Freud nunca tuvo* (2ª ed. esp.). Fondo de Cultura Económica. (Título original: *Thirteen Dreams Freud Never Had*, 1988).

HORNEY, K. (1991). *El proceso terapéutico* (J. A. García, Trad.). Ediciones La Llave. (Selección de textos clínicos).

HORNEY, K. (2004). *Neurosis y madurez* (Reimp.). Editorial Psique. (Título original: *Neurosis and Human Growth*, 1950).

HORNEY, K. (2003). *Nuestros conflictos interiores* (Reimp.). Editorial Psique. (Título original: *Our Inner Conflicts*, 1945).

KEMPER, W. (1969). *El significado de los sueños* (R. López, Trad.). Alianza Editorial. (Título original en alemán *Die Bedeutung der Träume*).

LATORRE, A. (1973). *El sueño erótico en la poesía española del Siglo de Oro*. Fondo de Cultura Económica.

LOVECRAFT, H. P. (2003). *Viajes al otro mundo: Ciclo de aventuras oníricas de Randolph Carter* (R. Bernárdez, Trad.). Alianza Editorial.

MARTÍN, Á. (2002). *Los sueños en psicoterapia Gestalt*. Desclée De Brouwer.

METGE, B. (1983). *El sueño* (M. de Riquer, Ed. y Trad.). Planeta. (Obra catalana de 1398; edición bilingüe con notas).

NAMKHAI NORBU RIMPOCHÉ. (1997). *El yoga del sueño y la práctica de la luz natural* (F. Varela, Trad.). Ediciones Dharma.

PERLS, F. S. (2012). *Sueños y existencia* (2ª ed. esp.). Cuatro Vientos. (Comp. de sesiones Gestalt; orig. 1973).

RUIZ LAFITA, I. (2001). *Progresión onírica y análisis estructural de sueños: Sueños y psicoanálisis*. [Ed. póstuma]. Editorial Siglantana.

SIRUELA, J. (2006). *El mundo bajo los párpados*. Atalanta.

VÁZQUEZ HOYS, A. M. (2004). *Y los sueños, ¿sueños son?* Oberon.

Recursos en línea complementarios

ELIZALDE, F. (s. f.). *Anoche cuando dormía* [Blog]. Recuperado de blogspot. (Historias, notas y recogida de sueños contemporáneos).

AGRADECIMIENTOS

Gracias a Facundo Piperno por su ayuda invalorable en la revisión y redacción de este libro. A Amaya Mendieta, que me abrió las puertas de Gromberg con su traducción paciente y precisa. Y a Mari Luz, que con generosidad y rigor puso orden en mis archivos cuando más lo necesitaba.